Dreckiges Land

texte von pit vogt

Impressum

Design & Layout: Pit Vogt

Für den Inhalt des Buches zeichnet der Autor
Verantwortlich. Texte frei erfunden.

Herstellung und Verlag:
BoD - Books on Demand, Norderstedt
ISBN 978-3-7431-1211-7

© 2017

Inhalt

7	Dreckiges Land
9	Geh hinaus
11	Manchmal
13	Mit Fuffzich
19	Ende
21	Fort
24	Friedensballade
28	Gedanke
29	Gern
30	November
31	Schmutziger Ort
33	Worte
34	Am Meer
36	Besuch
39	Dämmern
41	Die Angestellte
43	Der Schauspieler
45	Mein Weg
47	Resignation
49	Schlaflos
51	Eine Weihnachtsgeschichte
55	Kalter Winter
58	Abschied?
60	Wenn
62	Meins
64	Erinnerungen
66	Zeit
69	Gejammer
72	Leuchtturm
74	Wiedersehen
76	Tod
78	Überflieger
80	Das Kind
82	Tod
84	Mondloser Abend

Inhalt

86	Shining
88	Letzter Blick
90	Phoenix
94	Erinnerung
98	Was wäre
100	Taxifahrer
104	Stich im Herz
107	Hofgang
109	Bahnhof
112	Der Autist
115	Watt
117	Nichts
120	Falscher Weg
123	Richtig – Falsch
126	Er
130	Das Tier
133	Nur ein Traum
137	Ohne Worte
141	Bedrohung
144	Die Abhängige
146	Letzte Reise
150	Kein Gott?
152	Besuch in Auschwitz
154	Kinder des Krieges
156	Der Trinker
159	Frau Holle
163	Die Show
165	Weit entferntes Land
167	Der Obdachlose
169	Ein bisschen Leben
171	Abgesang

Dreckiges Land

Jenes Land liegt längst in Scherben
Hier stirbt alles
Nichts kann werden
Überall nur Neid und Hass
Suff und Ekel nennt man *Spaß*

Mob und Pöbel schreit durch Straßen
Nur wer Geld hat, darf auch *prassen*
Armut kriecht durch manchen Block
Leben heißt hier: *Dreck und Schrott*

Geldgier, Klüngel in manch Ämtern
Daran will sich auch nichts ändern
Ist man ein *korruptes Schwein*
Braucht *studiert* man hier nicht sein

Autorennen nachts in Städten
Dort kann man sich kaum noch retten
Doch die Polizei schaut weg
Und so wuchert aller Dreck

Für Ganoven gibt's kaum Strafen
Ja, die dürfen ruhig schlafen
Mut, Courage, Ehrlichkeit?
Dafür ist hier keine Zeit!

Drogen in den Parks, den Gassen
Rotlicht blüht in dunklen Straßen
Mord und Totschlag überall
Wann gibt's wohl den großen Knall?

Schmuggel über offne Grenzen
Wer viel zockt, wird bald schon glänzen
Ist man dumm und kriminell
Kommt voran man hier sehr schnell

Wer die Wahrheit sagt im Lande
Wird zur *Populisten-Bande*
Ist man still und ohne List
Bleibt der *stinkend-faule Mist*

Aus manch kriegerischen Landen
Kommen hasserfüllte Banden
Terror kriecht ganz unerkannt
Wunderland?
Längst abgebrannt!

Ich will flüchten!
Ich will fliehen!
Ganz weit in die Ferne ziehen
Wo die Hoffnung tot und leer
Ist auch keine Heimat mehr

Geh hinaus

Geh hinaus ins pure Leben
Du kannst doch so viel noch geben
Schließ dich nicht zu Hause ein
Du bist doch kein dummes Schwein
Du bist stark und kennst die Dummen
Lass die keifen, lass die brummen
Du bist helle, klug, gesund
Bist doch artig nicht und rund
Bis doch kantig, voller Wut
Lass sie raus, zeig deine Glut
Zieh durch Nächte, durch den Tag
Schlag dich durch mit jedem Schlag
Lass ihn platzen, deinen Kragen
Scheiß auf all die blöden Klagen
Deine Fäuste sind dein Leben
Nutze sie, dann wirst du leben
Sei ein Mensch, jetzt mach schon, los
Mach dich stark und mach dich groß
Sei ein Mensch, teil endlich aus
Los, komm endlich zu uns raus
Zieh hinaus in alle Welten
Du bist hart und kannst was gelten
Laber nicht so viel herum
Ganz egal, ab gerad ob krumm
Du bist stark und kennst die Schwachen
Die nur kuschen, die nur lachen
Lass die Schwuchteln an der Ecke
Bring das Alte jetzt zur Strecke
Bist doch kantig, voller Hass
Lass ihn raus, mach´s richtig krass

Diese Welt ist nicht für Gute
Diese Welt kennt nur das Blute
Such nicht lang nach schönen Wegen
Zieh jetzt los mit leisem Beten
Lass ihn platzen deinen Kragen
Sonst wirst du zum Satansbraten
Schau nicht immer auf manch Reiche
Sonst wirst du zur schönsten Leiche
Sei ein Mensch, teil endlich aus
Los, komm endlich zu uns raus

Manchmal

Manchmal sind die Tage
atemlos und blöd
Du siehst nichts mehr
Dein toter Traum vergeht
Dann bleibst du zurück
Du gehst nicht mehr da raus
Mensch, du bist wirklich 'ne kleine graue Maus
Kleb nicht an dem
alten vergessenen Leben
Mach dich jetzt auf,
dann wirst du was Neues geben
Geh an den Strichern im *Südviertel* vorbei
Gaff sie nur an
Und dann tu deinen Schrei
Zieh endlich los
Sprüh deine fahlen Mauern jetzt bunt
Du bist kein *Blödmann*
Dein Kopf ist nicht wund
Zeig die kalte Schulter
den *Gaunern* und den *Prassern*
Hol das, was dir zusteht
aus mondtrüben Wassern
Zieh endlich los
Mach deinen müden Leib wieder frisch
Du bist noch am Leben
Du bist kein toter *stinkender Fisch*
Manchmal gegen Morgen
ist's Scheiße und down
Du fühlst nichts mehr
Dein *Latte-Kaffee* ist ohne Schaum

Drehst dich nochmal um
und willst deine Süße
Doch die ist längst weg
Du bist allein,
hast geschwollene Füße
Dein Kopf ist so taub und du bist so tot
Deine Bude ist dunkel
Du bist in Not
Denkst an all die Spinner,
die dich ausnehmen nur
Denkst an die Zukunft
und schaltest auf Stur
Dabei willst du nur leben und geben,
vielleicht irgendwann
Nach teurem *Luxus* auch streben
Du bist doch kein *Blödmann*
Das weißt du schon lange
Doch alles scheint schwierig
Du hältst nicht mehr zur Stange
Mach Nägel mit Köpfen
Zähl die Muskeln im Spiegel
Und fühl dich nicht Scheiße
Du bist doch kein Igel
Du weißt es genau
Mach endlich reinen Tisch
Du bist doch am Leben
Du bist kein toter stinkender Fisch

Mit Fuffzich [50]

Irgendwann vorm Spiegel neulich
war's mir gar nicht mehr erfreulich
Denn das Kinn hing schief darnieder
Und recht schlaff die Augenlider
Meine Laune - ziemlich gräulich
Stellte mich ein bisschen schräge,
seitlich links und etwas träge,
an den Spiegel mit der Wange,
die schon bleich und ziemlich bange
Und bestaunt' die Zahnbeläge

Refrain:
Los, mit *Fuffzich*, alte Zecke,
bist du noch ein echter Recke
Schreist nach Liebe
und nach Weibern
Schreist nach durchgestylten Leibern
Dichtest weg die faulen Zeiten
Bist noch da und willst es bleiben
Kümmerst dich nicht um die Falten
Sondern um Naturgewalten
Gehst ab jetzt ganz neue Wege
Rufst ganz laut und ziemlich rege:
Bin zwar *Fuffzich*, doch ich lebe!

Doch der Schreck zog mir ins Herze
Und es gab so manchen Schmerze
Denn im Spiegel, diesem blöden,
sah ich mich, und musste beten
vor der dicken Altarkerze
Und so zog ich mit den Fingern
all die Falten, die da schlingern,
ganz nach hinten in den Nacken
Straffte meine Hinterbacken
Wollt das Alter so verhindern
(Refrain)

Rieb arg Röte in die Wangen,
die bekanntlich stark gehangen
Lächelte ein ganz klein wenig
Und brillierte wie ein König
Strich mir sanft über die Flanken
Doch oh Graus und welche Schande
Viel zu fett schien mir die Flanke
Und der Speck rollte beharrlich
Auf die Hüften, gar nicht artig
Alles Glück verlief im Sande
(Refrain)

Irgendwo, ziemlich weit unten,
in dem Slip, dem hässlich bunten,
hing was Kleines, Unbekanntes
Ungebraucht und fern des Landes
An dem Leib, dem ungesunden
Mensch, am Hintern hat's gewackelt
Und am Kinn hat's auch *geschnackelt*
Und die Schenkel – viel zu knuffig
Doch was soll's,
wenn man schon *Fuffzich*
Selbst die Stirn erscheint verwackelt
(Refrain)

Überhaupt, die lichten Haare
sind ergraut über die Jahre
Und die Nase ward zum Zinken
Selbst die Oberarme winken
Und die Füße? Gott bewahre!
Nein, da ist man nicht zufrieden
Solch ein Typ kann man nicht lieben
Ich sollt endlich mal trainieren
Muss die Pfunde jetzt verlieren
Und nicht üble Laune schieben
(Refrain)

Und so kam das Fitnessstudio
Alles für ein neues Foto
Für den Spiegel, selbstverständlich
Alles Süße, das so schändlich,
kriegt der Hund mit Namen Bodo
Schaffte mich an Reck und Hantel
Passte bald in jeden Mantel
Aß nur Grünes, trank nur Wasser
Wurde zum Pralinenhasser
Die Figur war stark im Wandel
(Refrain)

Doch nach zwanzig langen Wochen
kam ich nur noch angekrochen
Stellt mich vor den Spiegel wieder
Vor die Vase mit dem Flieder
Hätte mich schon fast erbrochen
Denn statt Fett, dass mich umringte,
und dem Oberarm, der winkte
Statt der Nase, der nicht *schicken*
und den Flanken, den zu dicken
Stand da jemand, der arg hinkte
(Refrain)

Der zu dürr war und zu hager
Dessen Beine viel zu mager
Dessen Blick zu starr und trübe
Dessen Wangen – fad und öde
Dessen Kinn wohl auch kein Schlager
Da begriff ich voll Entsetzen
Nach dem Glück
darf man nicht hetzen
Sollt den Tag wieder genießen
Und ihn nicht am Reck vermiesen
Mich mal auf 'ne Wiese setzen
(Refrain)

Und so aß ich wieder Kuchen
Wollt manch Bonbon auch versuchen
Lachte wieder bei manch Witzen
Kam nicht mehr so sehr ins Schwitzen
Konnte wieder Glück verbuchen
Und vorm Spiegel schließlich neulich
War's mir endlich mal erfreulich
Zwar hings Kinn noch arg darnieder
Und recht schlaff die Augenlider
Doch die Laune war nicht gräulich!
(Refrain)

Endlich auch Erotikträume
Die bislang nur düstre Schäume
Irgendwo war wieder Leben
In manch Slip schien es zu beben
Nicht mehr jenseits aller Freude
Ließ es endlich wieder krachen!
Wollt mit *Fuffzich* noch was machen!
Scheiß auf Schlankheit, zarte Flanken!
Scheiß auch auf manch Wackelwangen!
Endlich kann ich wieder lachen
(Refrain)

Ende

Er ging den weiten Weg hinaus
Es war ein neblig, trüber Tag
Der Morgen sah wie jeder aus
Da ging er fort von seinem Haus
Sein Blick, so starr und ohne Frag

Ein Regenschauer zog ins Land
Hier draußen, wo sonst keiner lebt
Er hat die Fotos längst verbrannt
Nur Einsamkeit lag überm Land
Für seinen Traum war's längst zu spät

Sein Leben ließ er weit zurück,
in diesem Haus, am stillen Wald
Er suchte nicht mehr nach dem Glück
Und ließ die Hoffnung weit zurück
Und war erst fünfzig Jahre alt

Vor vierzehn Tagen war's genau,
als er hier seinen Sohn verlor
Und wenig später starb die Frau
Es war wohl hier, ja, ja, genau,
als seine Seele starb, erfror

Bis dahin schien das Leben gut
Karriere, Geld, ein Haus, ein Boot
Doch irgendwann verlosch die Glut
Mit der Familie liefs nicht gut
Und plötzlich waren alle tot

Er setzte sich auf einen Stein,
hier draußen, auf dem weiten Feld
Warum nur musste das so sein?
Am Schluss ein Kilometerstein!
Am Ende hilft nicht Gut, nicht Geld!

Noch einmal raffte er sich auf
Noch zwei, drei Schritt, irgendwohin
Was für ein allerletzter Lauf!
Warum rafft man sich immer auf?
Und wo liegt aller Lebenssinn?

Es wurde Nacht und er blieb stehn
Ein Blitzschlag nahm ihn mit sich fort
Er konnte nicht mehr weiter gehn
Er blieb nur einfach wortlos stehn,
an diesem trüben schlimmen Ort

Geblieben ist ein Häuflein Staub,
das trieb in die Unendlichkeit
Ein Blitzschlag traf – *es war nicht laut*
Von manchem Leben bleibt nur Staub
in einer schwarzen Dunkelheit

Sein Haus ist fort, es steht nicht mehr
Man riss es ab vor kurzer Zeit
Und nur die Steine wiegen schwer
Sein Haus, sein Leben gibt's nicht mehr!
Was ist's, dass nach uns übrigbleibt?

Fort

Verrückte Stadt
Verhallt mein Schrei nach Liebe
Die Menschen hier, die geben mir nichts mehr
Ich zieh davon
in aller Herrgottsfrühe
zum fernen Ort
Der Abschied fällt nicht schwer

Am schroffen Berg,
ein Schneesturm schlägt ins Auge,
bau ich ein Zelt
Ein Bär streicht nah vorbei
Ich atme tief
Wohin ich immer schaue,
wacht Einsamkeit
Sie ist mir einerlei

Die Nacht beginnt
und Kälte zieht ins Herze
Und Sehnsucht sinnt
nach einem andern *Du*
Ich ess mein Brot
Mich wärmt nur eine Kerze
Doch irgendwie
komm ich wohl nicht zur Ruh

Mein Licht verlischt
Die Müdigkeit erdrückt mich
an jenem Berg
Der Sturm zog lang vorbei
Gedankenflug
Der Mond scheint unerbittlich
ins Zelt hinein
und leckt die Seele frei

Aus meinem Traum
entsteigt ein fremdes Wesen
So wunderschön
Und mir wird's langsam warm
Mir ist's,
als sei es immer hier gewesen
Ich spüre Glück
Vorbei der alte Gram

Doch bleibt nur kurz
dies sagenhafte Wunder
Es flieht die Nacht
Und fliehen will mein Traum
Er schien so nah
Nie war ein Märchen bunter
Doch blieb in meiner Seel
am Ende doch nur Schaum

Ein neuer Tag
holt mich aus meinem Schlummer
Der Berg ruht stumm
Ich kriech aus meinem Zelt
Die Einsamkeit bringt
Trauer, Tränen, Kummer
Und ich brech auf,
zieh wieder in die Welt

Verweht die Nacht,
zerfallen mit den Träumen
Jenseits des Bergs
erkenn ich plötzlich dich
Und meine Spur verweht
schon zwischen kahlen Bäumen
Dort hinterm Berg,
da küss ich Dein Gesicht

Friedensballade

Und als der Hass noch größer wurde,
da zog man wieder in den Krieg
Rot färbte sich die Erd vom Blute
Doch nie erreichte man den Sieg

Und auf dem Schlachtfeld,
Aug in Auge,
dort wollte man den letzten Schlag
Es waren Menschen, so vertraute
Es schien der letzte Lebenstag

Und als man schrie:
„Auf, auf, zum Kampfe!",
war dort und da man wie erstarrt
Ein Schrei, erstickt im Todeskampfe,
weil keiner es zu glauben wagt

Wo sonst erbleicht die toten Körper,
da stand ein Kind so lieb und zart
Ein Mensch, so klein, ein unversehrter,
zwischen den Lanzen, spitz und hart

Wenn jetzt, oh Gott, ein Schuss ertönte
Warum, du Kind, stehst du im Weg?
Doch still bliebs nur und keiner stöhnte
Das Kind sang leis ein Weihnachtslied

Da sanken nieder die Gewehre
Das Kind, es sang so lieblich fein
Und leis, ganz leis,
durchs ganze Heere,
erhob sich jenes *Liedelein*

Wo blieb der Hass, wo all das Böse?
Das Schlachtfeld war kein Schlachtfeld mehr!
Ein Liedchen, ach, kein Kriegsgetöse
Wo kam nur all der Frieden her?

Schon bald lag man sich in den Armen
Es flossen Tränen ohne Zahl
All die, die her zum Sterben kamen,
sie ließen ab von aller Qual

Und als die Feinde Freunde wurden,
da ward das Kind nicht mehr zu sehn
Man hat gesucht es
Stund um Stunden
Nur blieb dies Weihnachtslied bestehn

Es zog hinauf bis in den Himmel
Bis weit in die Unendlichkeit
Und lautlos ritt auf prächtgem Schimmel
ein Kind fern in die Dunkelheit

Und als es Heiligabend tönte
vom Kirchturm in der Heimatstadt,
da kehrten heim die vielen Söhne
Die Mütter warn vom Schmerz so matt

Hört drum auf alle Erdenkinder
Denn hier, nur hier lebt unsre Welt
Schon einmal war so kalt der Winter
War jene Menschheit fast zerschellt

Jetzt ist die Zeit der Friedenslieder
Die Kinder kennen jenen Text
Wie auch die Alten, heut und wieder,
ist man so tief und schwer verletzt

Ein letzter Krieg, ade, Ihr Menschen
Habt Ihr vergessen viel zu schnell
Ihr wolltet doch fürs Leben kämpfen
So viel verblüht, wenn's nicht mehr hell

Nun ist der *Tages-Tag* gekommen
Wo geht es lang, bleibt uns die Angst?
Der Frieden wird sich immer lohnen,
weil du als Mensch von Gott abstammst

Gott wird uns auch den Krieg vergeben
Vor *ihm* sind Freund und Feinde gleich
Er ist der Tod
Er ist das Leben
Als Bettler arm, als Herrscher reich

Doch, wenn wir *ihn* erkennen wollen,
in fernster Zeit, Unendlichkeit,
so müssen wir die Kinder holen
Ein Kinderlachen gegen Leid

Es geht nicht nur um Krieg und Frieden
Es geht nicht nur um diese Welt
Wir müssen lernen, neu zu lieben
Weil Liebe nur den Mensch erhält

So lernt auf *Ewig* all die Lieder
So lobt der Weihnacht heilges Licht
Und wo man Krieg will, jetzt und wieder,
hat jedes Kinderlied Gewicht

Gedanke

Manchmal denkt man,
man hat keine Zeit
Es ist der letzte Tag,
die allerletzte Stunde
Dann schaut man sich um und spürt,
es ist soweit
Noch ein letztes Wort,
vielleicht, aus meinem Munde

Dann sieht alles anders aus,
was man so sieht
Und man ist traurig
Muss man jetzt gehn?
Und man zählt die Sekunden,
bevor es geschieht
Beginnt man erst jetzt
sich selbst richtig zu verstehn?

Und plötzlich weiß man es
Und man fühlt es genau
Dies alles ist einmal nur
Es wird für immer vergehen
Dann nimmt man ihn auf,
den wirklichen Augenblick
Denn das ist wirklich Leben

Gern

Gern wär ich noch hier geblieben
Doch der Wind war mir zu rau
Hätt hier gern noch viel geschrieben
Gern wär ich noch hier geblieben
Doch der Himmel schien nicht blau

Gern bin ich nicht fortgegangen
Kannte manchen Weg und Steg
Doch hier rochs so abgehangen
Bin ins ferne Land gegangen,
weil man mich hier nicht versteht

Gern hätt ich mit Euch gesungen
Doch ihr kennt die Töne nicht
Hab hier nicht mein Glück gefunden
Ach, ich hätt so gern gesungen
Aus der Heimat flieht man nicht

Gern wär ich zurückgekommen
Doch bei Euch ist´s mir zu kalt
Such vergeblich nach der *Sonnen*
Wär so gern zurückgekommen
Doch bei Euch fühl ich mich alt

November

Der Sturm treibt Regen übers weite Land
Es ist November und der Winter naht
Ich steh vorm Spiegel
Und ich hab mich nicht erkannt
Es zieht November durch dies viel zu kalte Land
Und in jene viel zu große Stadt

Ein Alb erscheint mir in den dunklen Nächten
Es ist November und ich bin allein
Ich träum mein Leben
Und ich hab wohl nichts vollbracht?
Es zieht November durch die viel zu kalte Nacht
Wollt doch nur einfach wieder glücklich sein

Der Morgen bringt mir eine neue Zeit
Es ist November und mich zieht es fort
Ich pack die Koffer
Und ich fühl mich nicht befreit
Es zieht November durch die viel zu kalte Zeit
Und es fällt kein einzig kluges Wort

Der Sturm treibt wieder mich nach Haus zurück
Es ist November, noch scheint nichts zu spät!
Ich seh die Heimat
Und ich spüre plötzlich Glück
Es brachte der November
mich nach Haus zurück
Dort, wo man mich immer noch versteht

Schmutziger Ort

Irgendwo in dieser Stadt
Dort, wo keiner Namen hat
Fand ich dich am Rand der Zeit
Warst zu schnellem Sex bereit
Dort, am Ende aller Zeit
Irgendwo in dieser Stadt

Warfst dir harte Drogen ein
Bloß nichts fühln!
Das muss so sein!
Träume, Liebe gibt's hier nicht
Niemand schaut dir ins Gesicht
Traum und Hoffnung gibt's hier nicht
Selbst das Bier ist selten rein

Tränen netzten deinen Blick
Wolltest Freiheit, nur ein Stück
Irgendwo in dieser Stadt
Wo kein Mensch mehr Namen hat,
bliebst du hungrig, warst nicht satt
Sehnsucht netzte deinen Blick

Als ich ging, bliebst du zurück
Bliebst im Schatten, ohne Glück
Irgendwo im Hinterhaus
stirbt so manche graue Maus
Dort hälts keiner lange aus
Kann man leben ohne Glück?

Und schon bald fuhr ich nach Haus
Hier sieht alles anders aus
Trank den Sekt, so gegen Vier
War doch noch so nah bei dir
Schloss die dicke Eingangstür
Weit entfernt vom Hinterhaus

Worte

Du schwärmst von Orten, anderswo
Du sprichst von Disziplin, und so
Du träumst dein Leben dir zu recht
Doch irgendwie ist gar nichts echt
Du fühlst dich schlecht
Und gar nicht froh

Du redest dir die Tage schön
Du willst nicht hier sein, du willst gehn
Schon lange bist du nicht mehr du
Und nachts kommst du
nicht mehr zur Ruh
Du willst hier gar nichts mehr verstehn

Und wie du redest, träumst und klagst,
und nichts mehr tust,
und nichts mehr wagst,
vergeht die Zeit und du wirst alt
Der Sommer geht und bald ist´s kalt
Weil du dein Leben stets vertagst

Bald liegst du flach, dem Tode nah
Und träumst von dem,
was niemals war
Dann bleibt dir wirklich keine Zeit
Mit Sprüchen hast du sie vergeigt
Drum lebe jetzt mit Haut und Haar

Am Meer

Der Abend kommt
Mich zieht's ans Meer
Ich sehn mir alles Schöne her
Hier kann ich vieles klarer sehn
Und weiß,
das Meer wird mich verstehn

So viele Dinge tun sich auf
an diesem Strand
Ich nehms in Kauf
Hier, wo die Sonne untergeht
Hier, wo ein raues Lüftchen weht

Dann träum ich mir die Sorgen fort
An diesem magisch, guten Ort
Ich fühl mich nicht mehr so allein
Am Meer möcht ich wohl immer sein

Ganz sicher war's nicht immer leicht,
Oft hat es nicht ganz ausgereicht
Dann stand ich trotzdem wieder auf
und sah nach vorn und pfiff darauf

Mit meinem Stolz und festem Blick
stemm ich mich gegen Ungeschick
Und lass das Böse hinter mir
Ich hab noch meinen Traum in mir

Ganz tief im Herz ein Feuer brennt
Es ist so stark und mir nicht fremd
Es ist ein Lied und ein Gedicht
Es spendet Leben mir und Licht

Und meine Tränen, die so heiß
Ja selbst mein Lachen, laut und leis
Die Liebe auch zum Heimathaus
All das bin ich, das macht mich aus

Ich weiß, in mir steckt so viel Kraft
Im Leben hab ich viel geschafft
Dies Auf- und Ab hat mich geprägt,
Und neue Zuversicht gesät

Ja, viele Jahre sind vorbei
Bin nicht mehr jung – *doch einerlei!*
Die Hoffnung treibt mich durch die Zeit,
vorbei an Tränen, Frust und Leid

Nun ist es Nacht
Ich bin noch hier
Ich brauche Dich, Du kluges Meer
Ich sitz am Strand und hör dir zu
und träum mit dir, genieß die Ruh

Besuch

Wenn der Oktober geht,
dann hab ich Sehnsucht
Sehnsucht nach der Heimat
Die viel zu weit entfernt vom Jetzt
Die fern von allem Treiben liegt
Dann geh ich durch die Straßen dieser Stadt,
die ich so lange nicht gesehen hab
Und die Menschen schauen mich an
Wer ist der Mann?
Und ich schau in die zahllosen Gesichter
Wer ist der Mann?
Und jede Straße scheint mir so vertraut
Mir scheint, ich war nie fort
Ich wünscht es manchmal so
Und muss doch wieder gehn
Und der kühle Herbstwind
zieht starr durch meine Seele
Plötzlich seh ich ein Kind in einer Seitenstraße
Es lacht mich an
Auch ich hab hier gelacht, gespielt, geweint
Damals
In der Dämmerung gehe ich die alten Wege
Ich kenn sie noch
Vor der alten Schule wieder
diese merkwürdige Angst
Wie damals
Ein kleines, wackliges Gebäude jetzt
Ich schau mich um
Ich suche nach vertrauten Gesichtern
Da sind so viele Jahre zwischen uns

Du jetzt so kleine Welt, die ich so liebte, hasste, brauchte
Ich war doch glücklich einst in deinen Armen
Erinnerungen sind ganz nah
Der kindlich schöne Weihnachtsglanz
Und Mutter versteckte die Geschenke
Wir hatten noch echte Kerzen am Baum
Und so manchen echten Weihnachtstraum
Noch heute lieb ich meinen Weihnachtsbaum
Träum oft von ihm und wünscht, er wäre bei mir
Und wünscht, er sollt mir helfen
durch all die schwere Zeit
Du Heimatstadt
Du vertraute Kirche
Dort sangen wir die Weihnachtslieder
so unbeschwert
Und jenen längst vergangenen Tag,
ich spür ihn noch, er ist so nah
Alles ist so nah, hier in meiner Stadt
Und ich bin doch so fremd
Ich schließe den Kragen von meinem Hemd
Und auch vom Mantel, der mich wärmt
Trotzdem ist mir kalt
In meiner Stadt bin ich jetzt fremd
Und muss nun fort
Ade, du Zauberwald, du märchenhafter Ort
Geschichtsbuch meiner Seele
Ein heißer Tee für meine rau geweinte Kehle
an jener Bude, dort im Park
Die Dämmerung verklärt den Blick,
verklärt die alte Stadt
Könnt ich hier noch mal sein?

Für ein paar Stunden war ich wieder klein!
Ein leiser Regen fällt
Und Schnee
Ob ich dich wohl noch mal wiederseh?
Du, meine kleine Heimatstadt?
Mein Auto braust davon in eine andre Welt!
Die Kindheit, sie entschwindet!
Und alle Freuden, jene Ängste von damals,
zerfließen in der schwarzen Nacht
Und schnell verschwinden
die wenigen Lichtpunkte im Nirgendwo
Bald bin ich weit entfernt von jener Stadt,
die niemand kennt und niemand findet
Wo keiner etwas von mir weiß
Mir bleibt nur eine kleine Ausfahrt
an der Autobahn

Dämmern

Es dämmert schon
Ein Duft zieht um mein Häuschen
An diesem Ort
zieht Müdigkeit nun ein
Ich schau mich um
Da piepst ein winzig´ Mäuschen
Und irgendwie
fühl ich mich sehr allein

Ein greller Blitz
Es wird mir immer schwüler
Und Regen wäscht
die Fenster wieder klar
Da wünscht´ ich mir,
es wäre etwas kühler
Doch nichts bleibt so,
wies vorher einmal war

Der Sommer naht
Ich spür schon jetzt die Hitze,
die in so macher Stund
den Atem mir fast nahm
Da ist auch Angst
Sie kriecht durch manche Ritze
Die reibt sich voller Lust
an meiner Seele wund

So will ich ziehn
in kühlere Gefilde
Wo manches nicht
so heiß gegessen wird
Ich mag sie nicht,
die Angst, die immer wilde
Such nach der Ruh
Und such auch mein Gesicht

Es dämmert lang
Die Nacht wird gleich beginnen
Kein Regen mehr
Und auch kein greller Blitz
Ich weiß genau,
die Angst wird bald verrinnen
Der Sommer kommt
Und auch so mancher Witz

Die Angestellte

Es war ein Morgen, irgendwann
Der Kaffee schmeckte schlecht, so schlecht
Noch schnell ein Küsschen für den Mann
An diesem Morgen, irgendwann
Sie macht' es allen immer recht

An jenem Tag, als Regen fiel,
war's trübe noch und seltsam lau
Ihr Job war hart, kein leichtes Spiel
Der Tag war grau und Regen fiel
Sie war 'ne starke schwache Frau

Sie sah das Elend *vis-à-vis*
Und mancher Fall wog tonnenschwer
Sie hielt es durch wohl irgendwie
Sie sah manch Trauer *vis-à-vis*
Doch auch sie selbst schien müd und leer

Vorm Spiegel in der Pause dann,
da sah sie sich und weinte leis
Ein Handyklingeln, wohl der Mann
Vorm Spiegel jetzt minutenlang
Und irgendwo zerschmolz das Eis

Was, wenn sie einfach wortlos ging
Dorthin, wo alles Glück vielleicht
Dorthin, wo aller Segen hing
Wer fragt, wenn sie jetzt einfach ging
Ob's für das Leben dann noch reicht

Sie schloss die Augen, hielt sich fest
Sie wankte hin und wieder her
Was, wenn man sich mal treiben lässt
Sie hielt am Waschbecken sich fest
Im Leben geht so manches quer

Was für ein schöner ferner Traum
Sie wischte sich die Tränen fort
Mit Seife und mit reichlich Schaum
wusch sie sich ab den großen Traum
Man rief nach ihr mit lautem Wort

Und lächelnd lief sie schnell zurück
Ein neuer Kunde wollte Rat
Wo liegt des Lebens größtes Glück
Sie lief nur ins Büro zurück
Und tat, was sie sonst immer tat

Sie sagte *„Ja"*
Sie sagte *„Nein"*
Der Arbeitstag ging schnell vorbei
So musste es wohl immer sein
Ein Leben zwischen *Ja* und *Nein*
Ihr Mann kam heim, so gegen *Drei*

Der Schauspieler

Er hatte einfach nur gelacht
Der Schauspieler im letzten Akt
Er sah uns an und hat gelacht
Woran nur hatte er gedacht?
Der Schauspieler im letzten Akt

Er spielte so unsagbar gut
Der Schauspieler gab alles hin
Er weinte auch und zeigte Wut
Ging es ihm wirklich immer gut?
Der Schauspieler gab sich nur hin

Am Ende ging der Vorhang zu
Der Schauspieler schminkte sich ab
Er wollte jetzt nur seine Ruh
Der Vorhang ging für heute zu
Es war ein wirklich guter Tag

Dann ging er heim, tief in der Nacht
Die Frau, die Kinder schliefen schon
Ein Kuss für alle, nur ganz sacht
Denn es war still und es war Nacht,
fernab vom Bühnenmikrofon

Und als er träumte, selbst sich sah,
da spürte er auch Einsamkeit
Wer er im Spiel auch immer war,
er blieb allein dort, unnahbar
Und Frau und Leben schienen weit

Er brauchte den Theaterschein
Die Kinder hatten ihn vermisst
Er wollte jemand anders sein
Ein Leben zwischen Schein und Sein
Er hat die Frau nur sacht' geküsst

Am nächsten Morgen gegen Acht
ging er zur Probe für sein Stück
Er hat „*Adieu*" nur leis gesagt
Ging ins Theater gegen Acht
Denn dort, nur dort fand er sein Glück

Er hatte wieder gut gespielt
Der Schauspieler im letzten Akt
Ob er sich wirklich wohl gefühlt?
Wer weiß das schon?
Er hat gespielt!
Ein Schauspieler im letzten Akt

Mein Weg

Irgendwo auf meinem Weg
frag ich mich, *wo steh ich jetzt?*
Weiß nicht, wies wohl weitergeht
Irgendwo auf meinem Weg
Halt ich durch?
Bin ich verletzt?

Seh die Kind- und Jugendzeit
Mann, war ich da
dumm und schwach
Dann die Lehre, manches Leid
Bis zum Mann unendlich weit
Sturheit brachte Streit und Krach

Viele Pleiten, Tränen auch
Alkohol und Einsamkeit
Manchmal stand ich auf dem Schlauch
Hass und Liebe
Ja, das auch
Trotz vielleicht?
Besessenheit?

Auf der Jagd und selbst doch Ziel
Blind vor Eifersucht und Hass
Manchmal war's ein großes Spiel
Schoss daneben, nicht ins Ziel
Fand nicht immer meinen Spaß

Mal ging's runter
Mal ging's rauf
Berg- und Tal-Bahn immerfort!
Nie gab ich die Träume auf
Runter ging's, und auch bergauf
Meine Seel, kein kluger Ort!

So wird's immer weitergehn
Bin ein Clown, der niemals ruht
Irgendwann die Welt verstehn
Und die Zeit, sie wird vergehn
Niemals stockt mein wildes Blut

Irgendwo auf meinem Weg
Frag ich mich, *wo geht's noch hin?*
Weiß nur, dass es weitergeht
Irgendwie auf meinem Weg
Auf der Suche nach dem Sinn

Resignation

Mein Leben brachte mir kein Glück
S´ ging abwärts nur, so Stück um Stück
Und Asche rinnt mir durch die Hand
Mein Leben scheint längst abgebrannt

Die Träume waren groß, so groß
Einst fruchtete ein kleiner Spross
Da träumte ich vom klugen Weg
Dass es vielleicht mal aufwärts geht

Ich kam sogar schon ziemlich weit
Ganz kurz sah ich ´ne bessre Zeit
Doch fiel mein Schicksal tief ins Loch
Und kroch auch niemals wieder hoch

Was ich vor Jahren aufgebaut
hat mir der Teufel längst versaut
Der liebe Gott ließ mich im Stich
Nie sah ich ihn, und sein Gesicht

Allein und einsam sitz ich nun
auf meinem Sofa blöd herum
Ganz ohne Kraft und ohne Geld
bleibt draußen alle schöne Welt

Was nutzte mir mein wacher Sinn?
Er brachte keinen Reingewinn!
Was nutzte alles schlaue Wort?
Das trug schon lang das Böse fort!

Ich wollte mal ganz hoch hinaus
Und blieb doch nur 'ne graue Maus
Ein Niemand ohne Glanz und Mut,
der längst ertrank im Selbstbetrug

Der dümmste primitivste Mob
fuhr mit den tollsten Autos fort
Und dümmlich machten die mir klar,
ich wär nur Abfall, niemals Star

Verbannt bin ich im Höllenschlund
Mich pinkelt nicht mal an ein Hund
Nach all den Niederlagen jetzt
zieh ich zurück mich, arg verletzt

Und warte auf den letzten Tag,
wenn mich der Teufel holen mag
Mein Leben blieb ein Augenschlag,
der angefüllt mit Frust und Klag

So bleibt am End ein Trauersang
Mein Spiegel schwieg ein Leben lang
Einst träumte mir vom guten Weg
Doch alles ward vom Wind verweht

Schlaflos

Noch ist es Nacht
Ein Schneesturm lässt mich grüßen
Ich bin schon wach
Die Uhr zeigt kurz vor *Drei*
Ich lieg nur da,
wein wieder in die Kissen
Vor lauter Angst
Die Träume sind vorbei

Ich fühl mich schlecht
Der Atem stockt behände
Ich weiß nicht mehr,
wie soll´s nur weiter gehn
Ich wünscht es so,
dass ich ´ne Lösung fände
Doch es ist Nacht
Und ich kann nichts verstehn

Da, ein Geräusch!
Ein Brausen vor dem Fenster!
Ich springe auf,
schau in die Dunkelheit
Ein rotes Licht!
Sind das vielleicht Gespenster?
Bin ich vielleicht
am Ende nicht gescheit?

Doch seh ich bald,
ein Auto fuhr gen Westen
Verschwindet schnell
im Schneesturm und im Nichts
Wär eine Flucht
nicht auch für mich am besten?
Bin ich nicht schon
am Ende allen Lichts?

Es bleibt mir nur
das Pfeifen jenes Sturmes
Der jagt vorbei
und lässt mich hier zurück
Ist's Dummheit nur?
Die Ohnmacht eines Wurmes?
Bin ich vielleicht
verlassen längst vom Glück?

Ich komm nicht drauf!
Versuchs noch mal mit Schlafen
Und sinke bald
in irgendeinen Traum
Und fern sind sie,
die Bösen und die Braven
Von dieser Nacht
bleibt letztlich doch nur Schaum

Eine Weihnachtsgeschichte

Ein Weihnachtsabend gegen *Drei*
Das junge Paar sitzt unterm Baum
Ein kleines Kind ist auch dabei
Es ist an Weihnacht gegen *Drei*
Was für ein schöner Weihnachtstraum

Gleich gibt's Geschenke reichlich, satt
Das Kind, gespannt, ist voll von Glück
Der Weihnachtsmann kommt in die Stadt
Und bringt Geschenke, reichlich, satt
Und Papa kennt den Weihnachtstrick

Er geht hinaus und lächelt leis
Und sagt noch schnell:
„Gleich ist´s soweit!"
Die Spannung steigt, dem Kind wird´s heiß
Der Papa lächelt nur ganz leis
Und so vergeht die Stund, die Zeit

Die Mutter nimmt das Kind zu sich
Und streichelt sacht ihm übers Haar
„Wo bleibt der Papa?", fragt sie sich
Und nimmt das Kind ganz sacht zu sich
Der Weihnachtsmann ist noch nicht da

Der Abend geht, längst schläft das Kind
Es hat nach Papa kurz gefragt
Vorm Hause streicht ein eisig´ Wind
Die Mutter bracht ins Bett das Kind
Und hofft am Fenster voller Klag

Wo bleibt der Papa, wo der Mann?
Warum in dieser Weihnachtsnacht?
Lang schaut im Spiegel sie sich an
Wo bleibt nur unser Weihnachtsmann?
Hat der sich aus dem Staub gemacht?

Am nächsten Morgen klingelts früh
Zwei Polizisten stehn vorm Haus
Sie stelln sich vor und fragen sie
Für manche Nachricht ist's zu früh!
So sieht kein Weihnachtsmorgen aus!

Man fand den Wagen irgendwo,
zerschellt an einer Häuserwand
Da war das Glatteis, einfach so
In jener Straße, irgendwo
Den Toten man erst morgens fand

Die Polizisten gehen schnell
nach Haus, wo Weihnachtsmusik singt
An jenem Morgen wird's nicht hell
Und mancher Tod kommt eben schnell
Manch Papa nie Geschenke bringt

Das Kind erwacht so gegen *Zehn*
Und fragt nach seinem Papa bald
Die Mutter bleibt im Zimmer stehn
Es ist an Weihnacht, früh um *Zehn*
Und in der Wohnung ist's so kalt

Sie nimmt das Kind in ihren Arm
Und drückt es fest ans Mutterherz
Wolln wir zum Weihnachtsmann jetzt fahrn?
Sie hält das Kind ganz fest im Arm
Und schluckt hinunter ihren Schmerz

Und alle Fragen bleiben fort
Es gibt auch keine Fragen mehr
Wo gestern noch ein schöner Ort,
bleibt aller Weihnachtszauber fort
Der Weihnachtsmann kommt nimmer mehr

Sie steigt ins Auto mit dem Kind
„Komm lass nach Papa uns jetzt schaun"
Es weht nur eisig kalt ein Wind
Sie fährt davon mit ihrem Kind
Auch draußen steht manch Weihnachtsbaum

Man sieht sie rasen übers Land
Es fällt der Schnee so weiß und dicht
Sie nimmt das Kind fest an die Hand
Es ist doch Weihnachten im Land
Die nächste Kurve sieht sie nicht

Dann ward es still
Kein Schnee, kein Wind
Nur einsam steht ein Weihnachtsbaum
Sie stieg ins Auto mit dem Kind
Und wollt zum Weihnachtsmann geschwind
Nur einmal noch den Weihnachtstraum

Und irgendwo zur Weihnachtszeit,
da wartet manches Kind verzückt
auf Papa mit dem Weihnachtskleid
Am Himmel hoch zur Weihnachtszeit
leuchten drei Sterne voller Glück

Kalter Winter

Der Winter ist so kalt
Ich sehne mich nach Dir
In dieser Traurigkeit
Allein
Und getrennt von Dir
Bin ich am See
Er ist so kalt
Ich fühle mich nicht wohl
Und ein heftiges Gewitter droht
Es will mich töten

Fremde Gesichter
Sie sind mir unbekannt
Doch kenn ich sie
Von irgendwoher
Schatten in der Fremde
Spuren im Schnee
Mein eigener Herzschlag
Der mich betäubt
Er lässt mich nichts mehr fühlen
Und auch nichts sehen
Bin ich gar blind?
Oder nur stumm?
Zu dumm und blöd für dieses Sein?

Blumen für die Spinner
Und keiner kann es so gut wie ich
Bin ich nicht ehrlich?
Zu Dir? Zu mir?
Zu allen um mich herum?
Zu wem eigentlich?
Ich lüge nie, und doch immer wieder
Weil ich's nicht anders kann
Ich bin doch klug!
Oder etwa nicht?
Wenn's um mich geht,
bin ich zu doof!
Es bleiben tausend Fragen!

Du gehst mit mir ins Ungewisse
In die Stadt der Angst
Die Stadt der Fremdheit
Du gehst mit mir ins Reich des Alleinseins
Des Fluches
Und der Flucht
In ein Reich
der unbezwingbaren Sucht
Doch nur in den Gedanken
Ich torkele und spür sie nicht
Die Seele

Nein, ich bin noch nicht betrunken
Und Drogen sind mir fremd
Ich werd sie niemals nehmen
Es bebt das Meer, der Ozean
In jener Welt
Der Abgeschriebenen
Ich bin kein neuer Mensch
Ich bin schon alt
Und jung geblieben
Und doch so fern von allen Lüsten oder Trieben
Im Moment
Denn Du bist fort

Und all die Fremden um mich herum
Sind wie Gespenster
Sind ohne Namen
Und ohne Gefühle auch
Mich drängts zur Flucht
In neue Räume
In einen andern Schoß
Und dann wird auch die Sonne wieder scheinen
Denn in diesem Leben
Kann ich ändern
Und bleibe dennoch
Immer ich

Abschied?

Ich steh auf einer Brücke
Gespenster spieln im Fluss
Im Hirn klafft eine Lücke
Die Seel braucht eine Krücke
Im Hirn nur eine Lücke
Ich habe keine Bitte
Und hab auch keinen Gruß

Die Nacht senkt sich hernieder
Ich wart auf Irgendwas
So fern die Sommerlieder
Ich schau aufs Wasser nieder
Wann kommt die Hoffnung wieder?
Und jene Sommerlieder?
Und aller Lebensspaß?

Die Uhr schlägt Mitternachte
Und Nebel steigt empor
Die Kälte kommt ganz sachte
Du gingst, eh ich es dachte
Warst fort, als ich erwachte
Jetzt schlägt´s nur Mitternachte
Ein Spiel, das ich verlor

So gern wär ich gesprungen
Doch größer schien die Angst
Es ist mir nicht gelungen
Und dort, wo wir gesungen
Mit Herz und aus den Lungen
Da bin ich nicht gesprungen
Ob Du wohl um mich bangst?

Es naht der neue Morgen
Ich schrecke hoch, s ist Fünf!
Im Schweiße aller Sorgen
Lieg ich bei Dir geborgen
Im weichen Bett verborgen
Und Du lachst ohne Sorgen
Ich hab noch an die *Strümpf*

Wenn

Wenn Du sagst,
Du liebst mich nicht,
dann bin ich tot
Noch vor der Zeit
Wenn Gott mich will
Der weiß darum
Und wird mich ewig lieben
Und Du?
Du schweigst!
Ein bittres Schweigen!
Einerlei der Zeit!
Und immer wieder so
Du hast mich umgebracht

Wenn Du sagst,
Du magst mich nicht,
stirbt auch die Zeit
Und alles war umsonst
Wo ist nur Gott- sag wo?
Und hilflos starr ich in die Schlucht,
die vor mir schreit
Und schweigt
Wo sind die Jahre meines Lebens?
Sie fallen in die bittre Tiefe
Die sanft und süß
die Ruh mir gibt
Du hast mich umgebracht

Wenn Du sagst,
dass Du nichts sagst,
dann muss ich gehn
von Dir
Ins Land meiner Gedanken
Und Du hast nie gefragt danach
Und ich bin froh-
Du konntst mir das nicht rauben
Denn ich geh zu Gott
Den Du nicht kennst
Und in den fernen Bergen
suchst Du nicht nach mir
Das Eis lässt Dich erstarren
Und klar wird Dir
Tot bin ich zwar
Doch bin ich stets bei Dir

Ich bin der Fremde Deiner Seele
Und kenn Dich gut
Weil ich es eben bin
Und doch bin ich's gewesen
Ich bin so weit von Dir
Die Reise durch den Kosmos
bracht mich doch heim zu Dir
Jene Odyssee, die uns geeint
In andrer Dimension
Die Körper schwinden
Ich bin daheim!
Oh Dank Dir, Gott
Ich bin daheim
Und werd es ewig bleiben

Meins

Die Tage winden sich
durch meine abgewrackte Seele
Ich geh allein
den längst vertrauten Weg im Park
Mein Herze schweigt,
wie meine ausgedörrte Kehle
Jenseits des Glücks,
Und meine Wunden schmerzen arg

Da war die Zeit,
als ich noch Hoffnung spürte
Als ich noch jung,
versuchte manches kleine Glück
Als ich mit Illusionen
meinen Lebensweg verzierte
Dumm und verträumt
Und viel zu oft verrückt

So manchen Streit
wollt ich mit Mutter führen
Naives Kind,
das niemanden verstand
Zog in die Welt
mit allzu vielen Starallüren
Hielt mich doch fest
an Mutters guter starker Hand

Die Jugend ging
und mit ihr auch mein Lachen
Und auch mein Traum,
der König dieser Welt zu sein
Da stand ich nun,
schwer fiel mir das Erwachen
Fand schwachen Trost
in feuerrotem Erdbeerwein

Ich wollt den Freund,
der meine Ängste kannte
Und schlich mich ein
in manches eisigkalte Herz
Und als ich selbst
an meiner Gier verbrannte,
erkannte ich das erste Mal
den nimmermüden Schmerz

Erinnerungen

Bunte Farben in den eingeschmolzenen Träumen
meiner Kinderzeit
Ich bin an einem Punkte angekommen,
an welchem ich nicht mehr weiter weiß
Und ich suche einen Rat
in den alten Märchenbüchern
Und ich wünsch mir die Wahrheit
aus den seidenen Zaubertüchern
Und weiß doch längst-
Ich bin schon lang zu alt
für diese fernen, fernen Spiele

Teddybären mit den blauen *Schleifchen*
und der grüne Wasserball
Er schwimmt behänd davon
auf den Wogen meiner kalten Tränen
Ich kann ihn nicht mehr halten
Ach Teddy,
gib mir doch wie früher einen Halt
Aber er schweigt, sie ist eben vorbei,
die Zeit der Feen und der Aschenputtel
Im zerbrochenen Spiegel
wirkt mein Gesicht so müde – oder schwach
Und es wirkt blass
Und ich spür es längst
Ich bin schon lang zu alt
für diese fernen, fernen Spiele

Die alten Kinderlieder,
wo alles noch so rein und klar,
wo ich mal unbeschwert und glücklich war,
sind längst verklungen
in verklärender Unendlichkeit
Die holt mir keiner mehr zurück
Jetzt rennt man wohl nach andren Sachen
Ich habe das Verlieren nicht verlernt
Und in den feuchten Nebeln
Verwunschener morgendlicher Wiesen
seh ich der Liebsten makelloses Antlitz
nimmermehr
Gewesen ist gewesen!
Und ich weiß es längst
Ich bin schon lang zu alt
für diese fernen, fernen Spiele

Zeit

Manchmal denk ich,
ich sei ein Stück Holz,
das da treibt auf dem Wasser
Irgendwo,
im nahen Bach am Wald
Und irgendwo
das mächtige Wasser und das schwache Holz
Es treibt und treibt
Und ist wohl ausgeliefert diesem Wasser, überall
Und ist der Bach auch noch so klein,
das Holz muss dienen diesem Lauf
Dem Lauf der Dinge
Dem Lauf des Lebens
Es flieht vielleicht,
von einer leichten Woge abgetrieben,
auch mal ans Ufer fast
Doch bleibt es immer an der Oberfläche
des Wassers, noch
Und manchmal denk ich,
es geht bald unter,
gnadenlos,
irgendwann
Doch treibt es weiter,
ganz einfach so
Vor vielen Jahren,
als ich noch ein Kind,
hab ich ein Holz in jenen Bach geworfen
Und bin mit einem Floß
ihm nachgefahren – irgendwohin,
bis an den Sumpf

Dort ging es nicht mehr weiter
Doch irgendwo,
da findet jedes Holz den Weg
Das Stückchen Holz treibt fort
Und immer weiter
Immer fort
Bis zu dem dicken großen Stein
Es verweilte dort nur kurz
Ich dacht, jetzt geht es unter
Doch treibt es balde,
wie von Geisterhand geschubst,
an jenem Stein vorbei
Ist frei
Und ist so leicht und wird getragen
von diesem Bach,
der wird zum Fluss und mündet bald
ins Meer
Und trifft so viele seiner Brüder
Doch saugt sich´s auch voll
Ist nicht mehr leicht
Sinkt irgendwann,
so erdenschwer,
auf einen dunklen Grund
Dann ist es weich
Und es zersetzt sich
Ist plötzlich fort
Und nicht mehr da
Und keiner weiß, dass es mal hier
und fröhlich einst geschwommen
Durch Raum und Zeit
Drum nutzt die Kindertage
und auch die Jugendjahre

und lacht und seid gesund
Zu schnell vergehn die Zeiten
Und schwer und alt
sinkt ihr auf jenen Grund Eures Lebens
Und bleibt dort ruhen,
bis Euer letzter Tag gekommen
Denn Ihr seid, wie alle hier
Es liegt an Euch,
die Zeiten zu erleben
Freut Euch an dieser Welt
Sie ist nur einmal
Und zieht an Euch vorüber
Nehmt sie stets mit
Und lasst sie niemals ziehn
Ihr habt die Chance
als Mensch,
denn ihr seid keine Hölzchen

Gejammer

Allein lieg ich auf meiner Couch
Und plötzlich fühl ich mich so schlecht
Das Leben sieht so trübe aus
Ich fühl mich wie ne graue Maus
Und irgendwie scheint gar nichts recht

Mein Blick streift übers Mobiliar
So viele Bücher, auch PC
Wann war's, als ich mal glücklich war?
In meinem Kopf ist nichts mehr klar
Mir ist nach Tränen, Ach und Weh

Die Jahre zogen so vorbei
Mal gab's ein Hoch, mal auch ein Tief
Da war so mancher Wunsch dabei
Doch alle Hoffnung brach entzwei
Und viel zu oft lag ich nur schief

Hab auf der Welt so viel gesehn
So manche Leute, dumm und schlau
So mancher Hass wollt nicht vergehn
So vieles konnt ich nicht verstehn
Und die Erinnerung daran ist grau

Sah andre Menschen, die im Glück
Und fühlte mich vergessen schon
Vom Himmel fiel kein goldnes Stück
Ich fiel herein auf manchen Trick
Am Ende gab es keinen Lohn

Auch Krankheit sah ich, Leid und Tod
Und Welten, die so fern vom Glück
So viele litten Hungersnot
Doch aß ich selbst nur frisches Brot
Und hatte manch verklärten Blick

Die Zeit verging, ich schau mich an
Seh viele Fältchen im Gesicht
Ich war wohl nie ein Supermann
Doch hab gekämpft ich dann und wann
Und sehnte mich nach Luft und Licht

Warum wollt ich so hoch hinaus?
Ich sollt nur Mensch sein, einfach, gut!
Doch immer nur als graue Maus,
das hält man doch nicht lange aus!
Dort oben fehlte mir der Mut

Jetzt lieg ich auf dem Sofa rum
Mein Kopf schmerzt und der Regen fällt
Zu oft hab ich gefragt – warum?
Doch blieb ich selbst nur
taub und stumm
Und maß die andern oft nach Geld

Vielleicht kommt irgendwann der Tag,
an dem ich spür, ich leb, ich bin!
Wo ich ganz neue Hoffnung hab
Und zu den Sternen fliegen mag
Und Liebe spür als Hauptgewinn

Ich schau zum Fenster, drüben links
Die Sonne lacht mir ins Gesicht
Und weiß, Mensch Junge
Jetzt gelingts!
Hab liebe Freunde!
Ja, so stimmt's!
Und Jammern gibt's ab heute nicht!

Leuchtturm

Irgendwo in ferner Zeit
blinkt ein Leuchtturm in die Welt
Steht so einsam und befreit
Steht so fern von aller Zeit
Und sein Mauerwerk, es hält!

Hab ihn eines Tags entdeckt
Dort am Ufer, dort am Strand
Fand ihn kaum, weil er versteckt
Hab ihn irgendwann entdeckt
Und ich lief durch weißen Sand

Stand vor ihm und sah sein Licht
Und das Meer rauschte im Wind
Plötzlich sah ich mein Gesicht
Dort im hellen Leuchtturmlicht
Vor mir stand ein frohes Kind

Ja, es lachte und es sang
von dem Leben und vom Glück
Sah das Kind minutenlang
Hörte, wie es fröhlich sang
Und ich sang dies Liedchen mit

Und auf einmal ward mir klar,
dass ich doch noch lachen kann
Hier, wo nie ein Mensch je war,
wurde mir so manches klar
Täglich fängt das Leben an!

Wenn sich etwas ändern muss,
geht es nur, wenn ich es tu!
Denn es ist noch lang nicht Schluss,
weil ich's selbst jetzt ändern muss!
Denn das Leben gibt nie Ruh

Irgendwo in ferner Zeit
blinkt ein Leuchtturm hell und gut
Steht so einsam und befreit
Jenseits aller Lebenszeit
Gibt mir wieder neuen Mut

Wiedersehen

Nach zwanzig Jahrn sah ich sie wieder
Ich hätt sie beinah nicht erkannt
Ich sah sie an, hört' unsre Lieder
Vor zwanzig Jahrn im Wunderland

An jenem Strand, auf fernen Meeren
entbrannte unsre Liebe heiß
Spürt' ihren Blick, den sanften, leeren
Hör ihre Stimme noch ganz leis

Da war so viel, das uns verbunden
So manche Nacht, so manche Zeit
Wir hatten dort die schönsten Stunden
Erinnerungen, die so weit

Ich wollte weinen, lachen, fliehen
an jedem Tag, der neu begann
Wär auf der Insel gern geblieben
Dort, wo wir endlos glücklich warn

Aus uns sind Fremde wohl geworden
Das Meer spült die Erinnerung fort
Was ist in mir, in ihr gestorben?
Wo blieb der märchenhafte Ort?

Spürte beim Abschied ihre Lippen
im Abendwind, dort, am Gestad
Ein Donner stieg über die Klippen
und durch mein Herz, das längst erstarrt

Wie Eis schien mir der nächste Morgen
Saß im Hotel noch an der Bar
Im Herze noch die alten Sorgen
Mein Kopf, so schwer
und nichts mehr klar

Mein Flieger ging in zwei drei Stunden
Ein letztes Mal triebs mich zum Strand
Doch hab ich sie
 nicht mehr gefunden
Nur ihre Spur blieb mir im Sand

Viel später, auf der langen Reise,
las ich den Brief, den sie mir gab
„Ich lieb Dich noch",
stand da ganz leise,
„weil ich Dich nie vergessen hab"

Es war vor zwanzig langen Jahren
Jetzt ist mir klar – *es ist vorbei*
Dort, wo wir einstmals glücklich waren,
blieb übrig nur ein *„Einerlei"*

Tod

Die Zeit vergeht
Mich zieht es nun nach Norden
Verschwommener Mond
Die Wolke stirbt am Berg
Vom Wind verweht
Der hört nicht auf zu morden
Ein dunkler Stern
Ich bleib ein arger Zwerg

Vergangenes Glück
Zu warm ist's nie geworden
Da starb soviel
Ein *Nachen* sank im Fluss
Einsam verrückt
Zum x-ten Mal gestorben
Hier ist's zu kalt
Und Gott zeigt keinen Gruß

Es ist vorbei
Mein Herz hört auf zu schlagen
Dem Tode nah
Und nimmer mehr befreit
Oh Herr, verzeih!
Verflucht an vielen Tagen
Weil ich nie sah
Mein großer Traum zu weit

Geh heimwärts jetzt
Ein Stern wird mich begleiten
Im fernen All
Irrt manche Seel umher
Zu schlimm verletzt
Ich will mich da nicht streiten
Es bleibt ein Hall
So endlos still und leer

Du fremdes *Ich*
Zuviel hast Du gefordert
Im Spiegelbild
Ein abgestürzter Star
Jenseits vom Licht
Da ist kein Glück geordert
Zu dumm, zu wild
Am Ende nur ein Narr

Überflieger

Jetzt ist die Zeit der Überflieger
Sie fliegen hoch und weit hinaus
Und singen Dir die schönsten Lieder
In feinstem Zwirn, auf heißem Mieder
Jetzt ist die Zeit der Überflieger!
Soweit bin ich vom Heimathaus

Jetzt ist die Zeit der Überflieger
Die sind so jung, so schön, so stark
Und zeigen ihr gar bunt Gefieder
Wolln mächtig werden, immer wieder
Jetzt ist die Zeit der Überflieger!
Allein sitz ich im herbstlich Park

Jetzt ist die Zeit der Überflieger
Allseits geliebt, mit stetem Mut
Da, ihre Gärten, reich an Flieder
Es ist die Zeit der großen Sieger
Jetzt ist die Zeit der Überflieger!
Vom Sturm verweht mein Haar, mein Hut

Jetzt ist die Zeit der Überflieger
Sie sind perfekt und lächeln froh
Ihr Haus – gedeckt mit rotem Schiefer
Zur Weihnacht steht die größte Kiefer
Jetzt ist die Zeit der Überflieger!
Und ich zieh weiter, einfach so

Jetzt ist die Zeit der Überflieger
Die Zeit des Mittelmaßes dort
Die Zeit der Dirnen und der Dealer
Es stirbt die Menschheit bald am Fieber
Jetzt ist die Zeit der Überflieger!
Ich leb an einem fernen Ort

Das Kind

Ich seh das Kind im Film
Im Film
Es lächelt noch, kommt auf mich zu
Was soll ich denken?
Soll ich fühln?
Es ist ein ziemlich alter Film
Das Kind trägt große, alte Schuh

Das Kind ist echt
Der Film ist's auch
Zeigt ein KZ, zeigt Kinder dort
Die Kleinen haben nichts im Bauch
Sind hungrig, ängstlich, kränklich auch
An jenem fürchterlichen Ort

Ein Leichenberg im Hintergrund
Ein Krematorium, der Tod
Im Vordergrund der Kindermund
Dort im KZ
Im Teufelsschlund
Ich bin so starr
Spür alle Not

Millionen starben in dem Krieg
So viele Kinder!
Wo blieb Gott?
Durch meine Seele Trauer zieht
Von diesem Kind wohl nichts mehr blieb
Auch Tränen wischen das nicht fort

Ich seh das Kind im Film
Im Film
Es lächelt noch
Wohl ist´s längst tot
Gestorben scheint das Denken, Fühln
Es ist ein kurzer trister Film
Und Frieden ist´s
Und Abendrot

Verloren

In der Nacht,
weit weg von Lieben und von Leiden
Wo die alten Keller
gut Geschäfte treiben
Am Stadtrand,
da stehen sie an den Geländern
Ihr Blick wie Eis
mit schwarzen Trauerrändern

Sie sind der Tod,
die ewig arg Gehassten
Suchen die Gelegenheit,
die sie einst verpassten
Nur einen Augenblick,
fern bleibt die Liebe
Ein Tanz des Teufels
und der verirrten Triebe

Und hinter grauen,
kranken Lügenmasken
schlägt Einsamkeit
in eisigkalten Herzen
Zitterndes Hirn, kurz vor dem Tod,
dem Ende
Schweigsames Gefühl
und keine warmen Hände

Im hellen Licht sind sie
wie winzig kleine Motten
Wissend bereits, dass alles lang schon verloren
Der letzte Treff vor aller Hoffnungslosigkeit
Scheint jener Ort
Fernab der bittersüßen Wirklichkeit

Mondloser Abend

Trübe ist der Tag,
der letzte Tag am Meer
Und immer wieder
leben meine Träume
Leben in dieser kalten Einsamkeit
Ich bin abhängig zu sehr
von alten Gefühlen
Von Dir, Du alte Liebe

Und ich stehe vor den Trümmern meines Lebens
Ausgebrannte Welt – zerstört
Und jeder Tag vergebens
So flieh ich weit,
ins tatenlose Nichts der Zeit
Und die Ruinen meiner Hoffnung
ragen in die Dunkelheit
Drohen in der tristen Dunkelheit

Leise ist mein Wort,
mein letztes Wort im Wind
Und immer wieder wollt ich's schreien
Umsonst
Ich werd doch nie erhört
Was wollt ich immerzu
von meinem Leben
Ich kann jetzt nur noch schweigen

Und ich stehe vor den Trümmern meines Lebens
Aufgebaute Welt – zerstört
Und jeder Tag vergebens
So flieh ich weit
ins tatenlose Nichts der Zeit
Und die Ruinen meiner Hoffnung
ragen in die Dunkelheit
Drohen in der tristen Dunkelheit

Shining

Hinterm Deich die Ewigkeit
Und im Himmel ists nicht hell
Suche nach der Zweisamkeit
Hinter mir die Ewigkeit
Vor mir diese große Welt

Shining in der Dunkelheit
Überall die Wirklichkeit
Hinter mir die alte Zeit
Shining in der Dunkelheit
Shining in der neuen Zeit
Und mein Weg ist nicht mehr weit
Nein, mein Weg ist nicht mehr weit!

Dort im Tal die neue Stadt
Und am Himmel wird's jetzt hell
Weiß, dass ich was Neues hab
Dort in jener neuen Stadt
Vor mir diese schöne Welt

Shining in der Einsamkeit
Überall die Wirklichkeit
Hinter mir die alte Zeit
Shining in der Einsamkeit
Shining in der neuen Zeit
Und mein Ziel ist nicht mehr weit
Nein, mein Ziel ist nicht mehr weit!

Überall mein großer Traum
Und der Himmel lacht mich an
Neu erblüht mein Lebensbaum
Hier in diesem guten Traum
Und die Sonne strahlt mich an

Shining in der Seligkeit
Überall die Wirklichkeit
Hinter mir die alte Zeit
Shining in der Seligkeit
Shining in der neuen Zeit
Und mein Glück ist nicht mehr weit
Nein, mein Glück ist nicht mehr weit!

Letzter Blick

In der Garderobe ganz allein
Ein Clown,
schon alt und ziemlich bunt
Schaut in den Spiegel lang hinein
In der Garderobe, ganz allein
Zu seiner allerletzten Stund

Mit weiß geschminktem Angesicht
schaut er sich bitter schweigend an
Warum nur ist so hell das Licht?
So weiß und trist sein Angesicht!
Was für ein Narr
Ein alter Mann

So viele Jahre war es so
Die Bühne und die schöne Schau
Jetzt sitzt er hier und scheint nicht froh
So viele Jahre – einfach so
Sein Haar ist dünn
Und auch schon grau

Die Kinder hatten ihn geliebt,
als er noch sang vom großen Glück
So manches laute Frühlingslied
sang er mit Kindern, die so lieb
Jetzt schweigt er hier im letzten Stück

Sein Leben war die Zirkusluft
Ein andrer sein, das wollte er
Er spürt, wie etwas nach ihm ruft
So fern von aller Zirkusluft
Im Herze wird's ihm ach so schwer

Er kann doch nicht so einfach gehn
Dorthin, wo er nicht spielen kann
Soll aller Spaß mit ihm verwehn?
Soll man denn wirklich wortlos gehn?
Er ist ein Clown, ein Zirkusmann!

Doch bleibt ihm keine Antwort mehr
Von fern noch hört er den Applaus
In der Garderobe ist's so leer
Hier gibt es keine Antwort mehr
Und er geht niemals mehr hinaus

Ganz dicht rutscht er zum Spiegel hin
„Wo ist mein Lachen?", fragt er sich
Wo ist all das, was ich noch bin?
Der Spiegel flüstert leis zu ihm:
„Du bleibst ein Clown, gar vorbildlich!"

Und lächelnd lehnt er sich zurück
Ein letztes Mal schminkt er sich ab
Es war sein allerhöchstes Glück
Zufrieden lehnt er sich zurück
Hier vor dem Spiegel ward sein Grab

Phoenix

Traf Dich in der großen Stadt
Dort in Phoenix, irgendwo
Dort, wo keiner Namen hat
Irgendwo in dieser Stadt
Fragt´ ich Dich ganz einfach so

Dein Gesicht, Dein blondes Haar
Und Dein Lachen – sonderbar
Alles war wies niemals war
Wie Dein Lachen unterm Haar
Wollte bleiben, völlig klar!

Ach, wir tanzten durch den Tag
Durch die wundervolle Stadt
Dort, wo keiner Namen hat
Sangen wir durch diese Stadt
Und wir stellten keine Frag

Irgendwann der erste Kuss
Blondes Mädchen, irgendwo
Niemand dachte an den Schluss
Dort in Phoenix dieser Kuss
Und wir waren glücklich, froh

Da, im Radio, dieser Song
Deine Stimme war´s, ein Traum
Phoenix, du, nun komm doch schon!
Oh mein Gott, was für ein Song!
Und wir kannten uns doch kaum

Doch mein Herz schlug anderswo
Wollt nach Westen – weiter ziehn
Ja, wir waren glücklich, froh
Blondes Mädchen – irgendwo
Du warst unbeschreiblich schön

Eines Tags, da spürte ich
Dieses Fernweh nach Asphalt
Wusste doch, ich liebe Dich
Doch es schien absonderlich
Phoenix macht mich nicht mehr alt

Lächelnd nahm ich Deine Hand
Küste Deine Tränen fort
Als mein Pickup dann verschwand
Winktest Du mit schwerer Hand
Und bliebst stehn noch lang am Ort

Phoenix lag lang hinter mir
Musst nach Westen weiter ziehn
Irgendwann, so gegen Vier
Schrieb ´ne SMS ich Dir
Willst Du denn nicht mit mir gehn?

Doch du schwiegst, mein Phone blieb stumm
Und ich war schon weit, so weit
Dachte schon, Du nimmst mirs krumm
Diese Trennung, die so dumm
Lang vorbei schien unsere Zeit

Da, im Radio, dieser Song!
Diese Stimme, das warst Du!
Riefst nach mir:
Nun komm doch schon!
Oh mein Gott, was für ein Song!
Und vorbei war´s mit der Ruh!

Wendete den Wagen schnell!
Fuhr zu Dir, mein Phoenix-Star!
Jene Stund war hell, so hell
Fuhr zu Dir, nach Phoenix schnell!
Plötzlich schien das Leben klar!

Irgendwo am Straßenrand
Standst Du noch und winktest mir
Habe Dich sofort erkannt
Tränenschwer am Straßenrand
Jetzt bleib ich für immer Dir!

Traf Dich in der großen Stadt
Dort in Phoenix, irgendwo
Wo das Glück ´nen Namen hat
Dort in dieser Riesenstadt
Wurden wir gemeinsam froh

Und der Westen blieb nicht fern
Nach Los Angeles wir zwei!
Blondes Mädchen, Du mein Stern
Hollywood war nicht mehr fern
Phoenix machte uns so frei!

Immer auf der langen Fahrt
Mal nach West und mal nach Süd
Unsre Herzen bleiben stark
Wir zwei auf der großen Fahrt
Weil ich Dich für ewig lieb!

Erinnerung

Es zog die *Karawan* durchs Land
Von fern, vom fernen Schlesienland
Nach Deutschland ging's,
durch kalte Zeit
Nie war ein Mensch dazu bereit
Sie sollten fort vom Heimatland!

Von fern dröhnt schon
die östlich Front
Die hat das Land und nichts verschont
Ein Grollen zieht am Firmament
Und jeder greift zum letzten Hemd
Man hat hier doch so lang gewohnt

Kein Blick zurück zu jener Stadt
Dort, wo man einstmals froh und satt
Nur an der Oder steht ein Kind
Es weint in den Kanonenwind,
weil's nun die Freunde nicht mehr hat

Schon dröhnt ein Panzerwagen laut
Das Kind steht still und schaut
und schaut
Längst müsst es ziehn
ins deutsche Land,
Wo auch manch Haus
längst abgebrannt
Und heiß wird's ihm auf seiner Haut

Ich frag, wo sind die Eltern hin,
Von diesem kleinen Schlesienkind?
Und plötzlich spricht das Kind
den Fluch
Im Heimathaus, im Gasgeruch
Den trug längst fort des Krieges Wind

Da riss es die Familien tot,
im Morgen- und im Abendrot
Die Männer blieben in der Stadt
Ob Schlesien doch noch Hoffnung hat?
Das Kind isst nie mehr Himbeerbrot!

Die Menschen, die geflohen sind,
vermissen auch dies kleine Kind
Und sie vermissen Haus und Mann
Den Frieden auch – wohl irgendwann
Ob anderswo sie anders sind?

Und an der Neiße, überm Fluss,
da gab es keinen Gottesgruß
Da stolpern übern Pontonsteg
die Menschen, die vom Krieg verweht
Die Heimat starb in Schutt und Ruß

Ach Schlesien, du bist weit, so weit
Und weit ist auch die beste Zeit
Nur die Erinnerungen ziehn
durch alle Trauer mitten hin
Die Tränen zolln vom großen Leid

So viele sind jetzt irgendwo
Und Schlesien ward einst nimmer froh
Die Menschen, dies einst ausgemacht,
sind fort, vertrieben von der Schlacht
Und manchem Kind ging´s ebenso

Da zieh ich hin am heutgen Tag
Will Antwort auf so manche Frag
Mein Schlesien will ich wieder sehn
Vielleicht will ich dann nie mehr gehn?
Vielleicht kommt auch mein´ große Klag?

Doch wie ich durch die Straßen geh,
ist´s Winter mir, im Herz liegt Schnee
Und wo mein Haus gestanden hat,
gähnt heute noch ein tiefes Grab
Ich schweig,
doch schreit in mir die Seel

Trotzdem sind neue Menschen hier
Auch das ist gut – da stirbt nichts mehr
Und wie zu jener fernen Stund,
als meine Seel, mein Herz so wund,
ist wieder neue Hoffnung hier

Und meine Stimme spricht und singt
ein leises Lied von einem Kind
Das stand am Oderufer dort,
bis es die Flammen nahmen fort
Ich weiß, dass das niemals verklingt

Da, plötzlich stimmen alle ein
in jenes Schlesien-Liedchen fein
Das Kind fliegt übers Himmelszelt
Und trägt nun Friede um die Welt
Es wollt doch nie gestorben sein

Mir ist's, als sei sie noch ganz nah,
die Flüchtlingskarawane, da
Seht ihr sie auch?
Hört ihr die Front?
Sie hatte keinen einst verschont
Mein Schlesien starb
Ist doch noch da

Was wäre

Wär die Welt nicht wunderschön,
könnt man täglich tanzen gehn?
Jeden Tag nur Sekt und Wein,
könnte es nicht stets so sein?

Einen Job, den man auch liebt
Einen Freund, der immer gibt
Ach wie wär es wunderschön,
würd es immer nur so gehn

Und wie groß wär alles Glück,
hätt man Geld und auch Geschick
Küsse, Meer und Sonnenschein,
könnte es nicht stets so sein?

Säh nicht alles rosig aus
mit 'nem großen tollen Haus
Einem Rolls zum Rundendrehn
Ach, wie wär das wunderschön

Ja, Erfolg und Geld und Ruhm,
nie mehr schwere Arbeit tun
Kinder haben, niedlich klein
Sollt es ewig nicht so sein?

Doch es bleibt ein schöner Traum
Und ich lehn am Mandelbaum
Träume zwar vom großen Glück
Möcht davon doch nicht ein Stück

Denn das Leben ist und bleibt
voller Fehler, lang und breit
Ist so selten gut und schön
Irgendwann wird es vergehn

Und ich schau zum Himmel hoch
Ja, ich lieb das Leben doch!
Denn ich lebe hier und jetzt,
auch wenn ich manchmal verletzt

Ohne Ruhm und ohne Geld
geht es auch auf dieser Welt
Freu mich über See und Wald
Übern Winter, der so kalt

Spür den Tag und auch die Nacht
Freu mich, wenn die Sonne lacht
Denn nur das ist Leben pur
Ich schau nicht mehr nach der Uhr

Taxifahrer

Es hat geregnet, stundenlang
Er sah durchs Fenster auf die Straß´
Die Nacht verging minutenlang
Und er fuhr Taxi - stundenlang
Der Asphalt glänzte regennass

Manch Träume stiegen in ihm hoch
Was wäre, wenn es anders wär?
Wenn er mal käm aus diesem Loch
Die Hoffnung war da immer noch
Wär dann dies Leben nicht mehr schwer?

Ganz einfach weg sein – irgendwo
Und fliehen aus dem Alltagstrott
Dorthin, wo alle Menschen froh
Ganz neu beginnen – einfach so
Sein Taxi war doch eh nur Schrott!

Die Frau, die Kinder – Spießigkeit
Und irgendwann ein kleines Haus
Und irgendwann Verdrießlichkeit
Und sterben an der Müßigkeit
Das hält doch keiner ewig aus!

Ganz leise schlich er sich davon
Hinaus, wo kühl der Regen fiel
Die Nacht empfing ihn ohne Hohn
Er sah zum Haus, zu Frau und Sohn
Die ahnten nichts von seinem Ziel

Und er fuhr los, ins ferne „Nichts"
Der Regen wusch die Straßen frei
Er schien so fern des hellen Lichts
Die Nacht schluckt alles oder nichts
Und mancher Traum bricht da entzwei

Er war gefahren stundenlang
Längst lag die Stadt
schwarz hinter ihm
Die Zeit verging wohl ewig lang
Und seine Seel' geriet in Brand
Er wollt nur fort, irgendwohin!

Am Flugplatz hielt er endlich an
Sollt er jetzt fliegen ganz weit weg?
Er war gefahren stundenlang
Und mancher Traum hält ewig an!
Wirft man so schnell sein Leben weg?

Er nahm sein Geld und zählte es
Es würde reichen – einmal hin!
Da blieb nichts übrig, nicht ein Rest
Was, wenn man alles jetzt verlässt?
Sein Herz schlug schnell tief in ihm drin

Und er stieg aus, lief schnell davon,
blieb stehen, blickte kurz zurück
Sein Taxi, seine Frau, sein Sohn
Er war zu weit entfernt wohl schon
Lag vor ihm nun der Traum, sein Glück?

Da sank er nieder – und er schrie!
Jedoch ansonsten blieb es still
Was sollt nur werden – was und wie?
Er war gesunken auf die Knie
Und längst verblasst sein großes Ziel

Die Hände schmutzig, auch die Knie
Ganz langsam stand er wieder auf
Warum jetzt hoffen – was und wie
Es wird schon gehen – irgendwie
Der große Traum? Er pfiff darauf!

Er setzte sich ins Auto schnell
und fuhr zurück in seine Stadt
Der Horizont ward langsam hell
Von irgendwo drang *Hundgebell*
Dort, wo er sein Zuhause hat

Und eh der Morgen da begann,
saß er daheim am Frühstückstisch
Die Frau starrt´ ihn sehr lange an
„Hast Du geträumt mein lieber Mann?"
Er hat die Tränen schnell verwischt

Und nahm den Sohn in seinen Arm
Die Zeit verging ein kleines Stück
In seinem Herz war´s wohlig warm
Mit Frau und Sohn in seinem Arm
fand er zurück zu seinem Glück

An manchem Tag, in mancher Nacht,
da fuhr er Taxi, auch mit Spaß
Er hat sich nicht davongemacht
Und mancher Traum verging ganz sacht
Und mancher Asphalt glänzte nass

Stich im Herz

Ich fuhr hinaus in jene
allzu fernste Ferne
mit meinem Rad
und ich verfuhr mich irgendwann
Ich suchte meine
viel zu unbekannten Sterne
Und wollt doch nur hinaus in jene fernste Ferne
Und spürte einen Stich in meinem Herz, sodann

Ich fiel vom Rad und sah mich plötzlich sterben
Von oben konnt ich mich
da unten liegen sehn
Ich wollte nicht und hatte
auch nichts zum vererben
Ich lag nur da und sah mich
plötzlich ewig sterben
Und konnte diesen Augenblick
nicht mehr verstehn

Da zog manch Traum vor mir
durch alle Zeiten
Sah mich als Kind
und auch manchmal als großen Clown
Doch wollte ich so gern
in dieser Welt noch bleiben
Und nicht entfliehen vor den fernen,
guten Zeiten
Ich spürte einen Stich
in meinem großen Lebenstraum

Wie ich so lag,
kam da ein alter Mann des Weges
Er sah mich an
und lachte leis in sich hinein
Er war nur da,
kam wohl den langen Weg per pedes
Wie ich so lag,
kam da ein alter Mann des Weges
Und hielt in seiner Hand
´nen dunkelblauen schönen Stein

Er sprach mich an,
war ich etwa noch nicht gestorben?
Ich sollt ihn sehn,
den Stein des Lebens und der Zeit
Ich wär durch ihn dereinst
ein kluger Mann geworden
Doch im Moment fühlt ich mich
viel zu arg gestorben
Der alte Mann jedoch erhörte nicht mein klagend Jammerleid

Er legte schnell den Stein
in meine kalten Hände
Und plötzlich zogen alle Tränen
und auch alle Ängste fort
Alsbald entschwand er wie ein Nebel da in dem Gelände
Er drückte jenen Zauberstein
in meine frierend Hände
Und ließ zurück mich
an diesem magisch tristen Ort

Da wuchs die Kraft aus meinem Innern
und aus meiner Seele
Sie wuchs empor
und ich erhob mich ohne alle Klag
Und wenn ich's mir heut
einsam irgendwo erzähle,
wächst jedes Mal die unbekannte Kraft
in meiner Seele
Und es erwacht aus jedem Morgen
auch ein guter Tag

Ich fuhr nach Haus, war wohl
ein neuer Mensch geworden
Mein Herz schlug gut
und alles war so reich an Sinn
Wär ich tatsächlich dort im Feld
vielleicht gestorben,
hätt nie erlebt ich so manchen
wunderschönen Morgen
Und alle Träume und die Hoffnung
wären längst dahin

Es war der Stein
Es war der fremde, mysteriöse Alte,
der mir die Kraft und meinen Stolz
zurückgegeben hat
Und wenn im Spiegel ich entdeck
so manche Lebensfalte,
wollt ich so sein wie jener
gute unbekannte Alte,
der mir gezeigt, dass alle Hoffnung
doch niemals ein Ende hat

Hofgang

Häftling Nummer *Drei-Vier-Acht*
zieht durch Regen und die Nacht
Zwanzig sind sie an der Zahl
Gehen durch ein tiefes Tal
Stolpern durch die dunkle Nacht

Keiner fragt sie, sie sind stumm
Laufen nur im Kreis herum
Irgendwo in einem Knast
haben sie die Zeit verpasst
Laufen nur im Kreis herum

Und der Häftling schaut sich um
Läuft nicht aufrecht, läuft so krumm
Und der Wärter schreit ihn an:
„Los geh weiter, schneller, Mann!"
Er läuft weiter, ängstlich, krumm

Dabei träumt er nur vom Glück
Von der Freiheit, nur ein Stück
Doch der Traum stirbt in der Nacht
Niemals mehr die Sonne lacht
Von der Freiheit gibt's kein Stück

Damals war´s, er wurde schwach
Dachte wohl nicht lange nach
Schoss auf Menschen, zwei- dreimal
Schoss sich selbst ins Jammertal
Nein, er dachte gar nicht nach

Für Sekunden unbedacht
Für ein Leben in der Nacht
Regen im Laternenlicht
Nein, die Freiheit gibt's hier nicht
Nur die furchtbar kalte Nacht

Und er zittert und er friert,
bis man ihn zur Zelle führt
Mit fünf andern ist er dort
Nein, das ist kein schöner Ort
Wärter sind so ungerührt

So vergeht das Jahr, die Zeit
Freiheit ist unendlich weit
Häftling Nummer *Drei-Vier-Acht*
weiß nicht, wie die Sonne lacht
Und die Hoffnung ist so weit

Irgendein Artikel schreibt:
„Ein Häftling starb in Dunkelheit!"
Wohl war es auch kein guter Mann
Man fand ihn irgendwo – und wann
Am tristen Ende aller Zeit

Bahnhof

Aufwärts ging´s manchmal
Und abwärts auch – manchmal
Du hast getan manchmal so viel
Und doch
Leere, Hoffnung, noch?
Hast Du nicht genug getan?
Vielleicht! Gestrandet?
Hier am Bahnhof
der seltsamen Gefühle
Irgendwohin geht's doch
Immer! Manchmal! Schneller doch!
Und Du spürst sie – die Sekunden
Sie schlagen wie Dein Puls
Und sie gehen fort
Bis zum Bahnhof
aller verlorenen Zeiten
Da schlägt es noch, dort, siehst Du es
Dein Herz
Und dennoch
Manchmal
Vor Trauer bist Du fast verstummt
Erstickt-Dir fehlte alle Luft
Zum Leben!
Du hast getan, so viel, zu viel?
Da war Dramatik auch
Und Du willst einfach nur noch weg
Aufwärts ging´s manchmal
Und abwärts auch
Manchmal – viel zu oft
Und dann findest Du Dich wieder

Irgendwo, dort am Bahnhof
aller *Einsamkeiten*
Tode starbst Du da
Und niemand konnt Dich finden
Du konntest Du nicht mehr sehen
Im zerbrochenen Spiegel
Der lag am Boden
Zersprungen in tausend Splitter
Du starrtest schweigend auf die Scherben
Dort, am Bahnhof
der zerbrochenen Leben
Du warst nur da, hier
Einfach so und Du fielst
Und niemand fand Dich
Du fandst Dich ja nicht mal selbst
Dort, am Bahnhof
der vergessenen Gefühle
Und Deine Tränen sah man nicht
Sie schwemmten alles fort
Auch deine Seele
Fast – beinahe – vielleicht
Irgendwo
Manchmal
Vielleicht
So viel getan
Vorbei?
Und nun?
Willst Du noch schrein?
Nach Hilfe oder nach Liebe?
Welche Entscheidung wirst Du fällen?
Wahnsinn oder Sinn?
Dort, am Bahnhof Deiner verzweifelten Gefühle

Dort am Bahnhof der verlorenen,
aller neuen,
ungezähmten
Träume

Der Autist

Er war noch jung, ein Junge noch
Und doch so fremd von dieser Welt
Er schien recht glücklich – immer noch
Und lebte nicht im dunklen Loch
Und war so sanft, verstand, was zählt

Oft sagte man: *„Der ist verrückt!*
Der tickt nicht richtig irgendwo!"
Manchmal schien er der Welt entrückt
Man sagte: *„Ach, der ist verrückt!*
Der merkt doch nichts,
wird niemals froh"

Doch seine Mutter liebte ihn,
auch, wenn er anders war und schwieg
Für sie war er der Lebenssinn!
Vielleicht sogar der Hauptgewinn?
Er hatte alle Menschen lieb

Denn wenn er lachte, fröhlich war,
dann schien die Welt, das Glück perfekt
Dann schien fast alles sonnenklar
Und nichts blieb mehr so wie's sonst war!
Er war doch klug und aufgeweckt!

Jedoch verging die Zeit, die Zeit
Er hat gespürt, man wollt ihn nicht
Er wusste um der Mutter Leid
Da lief er fort, so weit, so weit
Ein sanftes Lächeln im Gesicht

Der Mutter hat er nichts gesagt
Er lief und lief bis an das Meer
Nie hatte er geflucht, geklagt
Und auch der Mutter nichts gesagt
Das Meeresrauschen wog so schwer

Noch einmal schaute er sich um
Da war niemand am kahlen Strand
Er war ein Junge noch, so jung
Vielleicht verrückt, doch niemals dumm,
als er vor Gott so einsam stand

Ganz plötzlich rief jemand nach ihm
Dort draußen auf dem weiten Meer
Wer war das nur?
Wo lag der Sinn?
Er lief ins Wasser einfach hin
Man sah ihn später nimmermehr

„Komm heim, komm heim, du liebes Kind
Bei mir hier bist Du nie allein
Dort, wo die Kinder Engel sind,
wach ich bei Dir, mein liebes Kind
Komm lass und jetzt zusammen sein"

Die Welt dort draußen war zu kalt!
Er wollte nicht mehr draußen sein!
Die Tür, die offen einen Spalt,
war plötzlich einfach zugeknallt!
In seiner Welt blieb er allein!

Er war so jung, ein Junge noch
Nur seine Spur blieb da im Sand
Und leise summt am Strand der Wind
Die Mutter weinte um ihr Kind
Denn es ergriff wohl Gottes Hand

Watt

Er ging ins weite Watt hinaus
Der Mond verklärte seinen Blick
Die Nebel zogen um sein Haus
Er wollte nur ins Watt hinaus
Er war so fern, so weit vom Glück

Noch kam die Flut nicht und er lief
Schon sank er ein in den Morast
So vieles ging im Leben schief,
als niemand seinen Namen rief
Er hatte manche Chance verpasst

Die Uhr schlug Mitternacht sodann
Da gab's kein Mensch, der ihn so sah
Einst war er wohl ein froher Mann,
der mal verlor und mal gewann,
der immer zuverlässig war

Und er lief weiter, immerfort,
ins weite Watt, wo's düster ist
An jenem unheilvollen Ort,
da zog er hin, da zog er fort
Ihn hatte wohl niemand vermisst

Es schwammen Wolken vor den Mond
Ein Regen fiel und Kälte zog
Dort, wo vielleicht manch Unhold thront,
wer fragt danach, was sich noch lohnt?
So mancher schreit im Todes-Sog!

Die Einsamkeit fror übers Watt
Am Horizont das weite Meer
Er hatte alles Leben satt
Und ging hinaus ins kalte Watt
Nein, es erfreute ihn nichts mehr

Verwaschen seine Spur im Schlick
Das Wasser stieg, die Flut kam schnell
Da blieb nicht viel vom Wunsch nach Glück!
Vielleicht ein Rest der Spur im Schlick?
Und dunkel war's, und gar nicht hell

Die Wogen schlugen laut zusamm!
Dort, wo er lief, das weite Meer!
Und leis, von fern, ein Trauersang
Wohl kam er längst im Jenseits an
Sein altes Haus am Strand ist leer

Nichts

Ich sitz am See im Schnee
Und ich denk an dich
Und nichts geschieht
Am anderen Ufer ist – ein Baum
Ein Strauch und Ruh
Endlose Einsamkeit und keine Zeit
Die mir vergeht
Sie verschwimmt nur leicht
In meinen Augen
Der See ist zugefroren – ganz leicht
Ich geh nicht drüber hin
Mein Blick schweift nur über ihn
Soll ich noch weiter denken?
Ich weiß es nicht und hör nur zu
Dieser wundervollen Ruh
Ein leiser Wind verweht – nichts
Und ganz sanft bewegt sich – nichts
Es ist nur kalt
Sonst nichts!
Und ich sitz am See im Schnee
Denk noch an dich
Und denk auch mal an mich
Am Himmel sind Wolken
Schnee fällt ganz sacht
Auf meine Wollmütze
War da nicht gerad …
Nein, da ist nichts, gar nichts – nur – *nichts*
Ein Knistern vom Eise her
Vielleicht bricht es auf?
Doch da ist – nichts!

Mein Blick verfängt sich
wie ein Faden im Strauch
In lieblich- rauer Winterruh
Eisig seine Zweige
Eisig meine Seele – zugefroren auch
Und es ist kalt
In dieser Mitte eines Lebens
Meines Lebens!
Und sanft bewegt sich – nichts
Nur kälter wird's
An diesem See, der so voller Ruh
Ich denk an dich
Was für ein wundervoller Traum
An jenem See der großen Nichtigkeiten
Sollt ich jetzt gehn?
Ich weiß es nicht und bleibe
Noch!
Am anderen Ufer wird's trüb
Hier auch
Und kälter wird's
Der Abend geht
Nimmt so manches mit dahin
Und kommen will die Nacht
Und manch ein farbenloser Mahr
Und überall ist – nichts
Nur eine leise Melodie in meinem Sinn
Seltsam – mir wird es warm
Der Mond blinzelt durch die Wolken
Denk an dein Gesicht
Und sehs doch nicht
Am anderen Ufer ist noch immer – nichts
Ich stehe auf und schieb meine kalten Hände

In meine Hosentaschen
Saug lang und tief die feuchte Luft
In meine Lungen
Hab nichts gedacht und nichts gemacht
An jenem See
Nichts spiegelt sich auf ihm, auf seinem Eise
Das so dünn
Nach kurzer Zeit noch mal
Dreh ich mich um und sehe – nichts
Nur Dunkelheit, die mich umgibt
Und mich drängts irgendwie

Falscher Weg

Die Arbeit war so hart, so schwer
Und die Familie wollte Zeit
Sie jagte hin, sie jagte her
Das Leben war entsetzlich schwer
Ihr schmerzte arg der Kopf, der Leib

Fürs Kind ein schönes Handy, neu!
Der Mann verlangte auch sein Recht!
Die Lebenszeit ging schnell vorbei
Und manches Handy blieb nicht neu
Am Abend fühlte sie sich schlecht

Sie funktionierte irgendwie
Und träumte sich in manchen Traum
Da war die ferne Melodie
Die war so schön, ja, irgendwie
Und draußen rauschte leis ein Baum

Doch dann, am nächsten Morgen, ach
Da ging die Hatz von vorne los!
Sie schuftete für Kind und Dach!
Und wollte mit dem Mann kein´ Krach!
Und fragte nie: *„Was mach ich bloß?"*

Dann, eines Tages gegen *Zehn*
Ging es ihr schlecht, wie nie vorher
Da war ein Klopfen in ihr drin
Es war am Morgen gegen *Zehn*
Wo kam nur diese Schwäche her?

Sie schwankte hin, sie schwankte her
Es ward ihr übel, sie sank hin
Ein Schmerz im Kopf, es brannte sehr
Sie fiel so leicht und gar nicht schwer
War das vielleicht ihr Lebenssinn?

All die Gedanken flogen fort
Sie dachte an den Mann, das Kind
Mit Blaulicht und besorgtem Wort
Da brachte man sie endlich fort
Dorthin, wo alle Kranken sind

In einem weißen Zimmer dann
Erwachte sie und träumte nicht
Sie dachte an das Kind den Mann
In jenem weißen Zimmer dann
In jenem weißen kalten Licht

Ja, da begriff sie Stück für Stück
Dass ihre Hatz nichts bringen konnt
Sie lebte zwar, doch ohne Glück
Und das begriff sie Stück für Stück
Nie hatte sie sich je geschont

Da liefen Tränen ohne Zahl
Und aller Stress entlud sich arg
Vorbei die schlimme Seelenqual
Es flossen Tränen ohne Zahl
Man ist nicht immer groß und stark!

Und der Professor setzte sich
Leis an ihr Bett, nahm ihre Hand
Dann sprach er nur: *"Ganz sicherlich*
Geht's nicht so weiter, hoffentlich.
Denn Ihre Seele ist verbrannt"

Sie wusste das und schwieg, und schwieg
Die Ängste waren noch zu groß
Das Kind, der Mann, die waren lieb
Und sie lag hier und schwieg, und schwieg
Und dachte nur:
"Was mach ich bloß?"

Zwölf Wochen fort, im Krankenhaus
Die Kräfte kehrten bald zurück
Dann, irgendwann ging es nach Haus
Im Blickwinkel das Krankenhaus
Und der Professor wünschte Glück

Sie kündigte den alten Job
Und fand ihr Leben wieder neu
Sie fand den Weg, und sie fand Gott
Fort mit dem Stress, dem alten Job!
Mit Kind und Mann im frischen Heu

So manche Arbeit wiegt so schwer
Blind rennt manch Mensch durch seine Zeit
Doch alle Hatz nach noch viel mehr
Die bringt das Glück nicht hin, nicht her
Und Leere ist's, die übrigbleibt

Richtig - Falsch

Was ist richtig, was ist falsch?
Eine Frage, die nicht geht!
All die dummen Fragen –
sind sie falsch?
All die blöden Antworten –
sind die richtig?
Sind sie falsch, wie alles Übel?
Und – was ist schon – übel?
Sind so manch geschützte Täter
wirklich schützenswert?
Ist es falsch oder doch richtig?
Ist es richtig, alle Knöllchen abzuwehren,
vielleicht, weil man den Kampf
nicht scheut?
Ist es richtig, die Aussage vor Gericht
zurückzuziehen,
nur, weil man Angst
vor dem Täter hat?
Ist es falsch? Ist es richtig?
Sollte man doch lügen?
Ist das nicht legitim?
Ist es richtig, die falsche Partei
zu unterstützen,
weil man sich sicher dort fühlt?
Sollte man nicht doch unpolitisch sein
Und bleiben?
Ist das richtig? Oder falsch?
Ist es falsch, gefundenes Geld für sich
zu behalten, nur,
weil man vorgibt,

man kenne den Eigentümer nicht?
Ist das falsch?
Ist das richtig?
Ist es falsch,
die Menschen manchmal nicht zu mögen?
Sollte man vielleicht doch lieber hassen,
weil man da vermeintlich besser klarkommt?
Was ist Hass?
Und was ist Liebe?
Ist das alles bedingungslos?
Welches Denken ist schon richtig?
Welches falsch?
Tagtäglich stehen wir
vor solchen Fragen.
Nur, wer kann sagen – was ist richtig
und was ist falsch?
Muss man das allein herausfinden?
Oder nicht?
Stellt unser Leben nicht stets die Frage:
richtig oder falsch?
Ist das richtig oder falsch?
Geht's wirklich nur darum?
Ist Dummheit richtig, ist sie falsch?
Und dann die Klugheit, die Schlauheit,
die Genialität?
Ist das immer richtig?
Kann das überhaupt falsch sein?
Da stirbt jemand im Drogenrausch –
und ein anderer an Alkoholsucht.
Warum nahmen diese Menschen diese Drogen,
diesen Alkohol im Übermaß?
Ist's richtig oder total verkehrt?

Wollte sich so manch einer aus dem
Leben retten – wollte er fliehen aus
einer schwierigen Situation?
Fliehen aus dem Leben?
Vielleicht waren diese Menschen krank
und konnten sich nicht wehren,
gegen Krebs vielleicht?
Und gegen alle Drogensucht
und wollten ausbrechen
aus jenem Teufelskreis
Ist das alles falsch –
oder doch richtig?
Und wie ist das mit dem Leben,
dem Sein, dem Universum?
Gibt's ein Ende oder keins?
Ist die Erde wirklich rund?
Ist da noch mehr?
Ist das richtig oder falsch?
Ich steh vorm Spiegel und ich schweig
Und ich weiß die Antwort nicht

Er

Er war nur auf der Suche
Nach seinem großen Glück
Und träumt' unter der Buche
Vom Leben sich ein Stück

Der Frühling seines Lebens
War reich an Traum und Welt
Oft hoffte er vergebens
Oft fehlte auch das Geld

Da war die Mutterliebe
Die gab ihm stets so viel
Dass er daheim er bliebe
Schien beinah schon sein Ziel

In seiner alten Schule
War er nicht sehr beliebt
Er war stets auf der Suche
Nach dem, was ihm was gibt

So schwer war's ihm gefallen
Die Schulzeit und davor
Er wollt es zeigen allen
Doch taub blieb' Aug und Ohr

Er fand nur falsche Freunde
Die heuchelten ihm sehr
Da blieb nicht sehr viel Freude
Es wurde nur sehr schwer

Mit seiner Mama zog er
In eine andre Stadt
Zu einem neuen Vater
Der auch ein Auto hat

Die Stadt war etwas breiter
Als die, woher er kam
Sie war auch etwas weiter
Doch kam er dort nie an

Die Stadt und auch die Leute
Die mochten ihn wohl nicht
Für ihn warn sie 'ne Meute
Mit manchem bösen Wicht

Er hasste jene Leute!
Sein Vater hasste *ihn*!
Da gab's wohl wenig Freude
Sein Glück schien fast dahin

Da suchte er von neuem
Nach seinem großen Glück
Doch außer dunklen Freuden
Blieb ihm davon kein Stück

Er liebte seine Mutter
Die hielt zu ihm doch stets
Die gab ihm Kraft und Futter
Und ging mit ihm des Wegs

Bis er lag krank darnieder
Sein Leben brannte aus
Da blieben kaum noch Lieder
In jenem einsam´ Haus

Doch tief in seiner Seele
Fand er die neue Kraft
Weil Gott ihm da erzählte
Wo fließt des Lebens Saft

Er hat den Saft getrunken
Und wuchs aus sich heraus
Er hat sich selbst gefunden
Und auch sein Elternhaus

Er war stets auf der Suche
Nach seinem großen Glück
Wo einstmals böse Fluche
Kam er zur Welt zurück

Mit Disziplin und Wille
Mit Mutter und mit Kraft
Schrieb er beinah wie Zille
Hat er es fast geschafft

Doch ist noch alles offen
Das Glück scheint ziemlich weit
Da muss man weiter hoffen
Und kämpfen mit manch Streit

Der Sommer ist vergangen
Der Herbst zieht leise ein
So weit ist er gegangen
Wohl über Stück und Stein

Er war oft auf der Suche
Und fand sich Stück um Stück
Und sitzt unter der Buche
Sucht weiter nach dem Glück

Das Tier

Soviel Angst in jenen Tagen
Wache auf, nachts, gegen Vier
Wirres Denken will mich plagen
Mein Verstand scheint zu versagen
In mir tobt ein wildes Tier

Kann den Körper kaum noch spüren
Kann nicht sehen, was ich will
Alles scheint sich zu verlieren
Und mein *Ich* scheint sich zu zieren
Warum ist es nur so still?

Doch die Angst zieht durch die Seele
Tobt in mir und schweigt so still
Trocken schmerzt die durstige Kehle
Schmerzen auch in meiner Seele
Nichts geht so, wie ich es will

Alles scheint sich da zu drehen
Schweiß rinnt mir von Nas uns Kinn
Lieber Gott, lass das vergehen!
Kann mich selbst nicht mehr verstehen
Und ich sink zum Boden hin

Zitternd schnapp ich Luft zum Atmen
Auf der Brust liegt schwer ein Stein
Auch mein Herz scheint zu versagen
Droht, sich aus der Brust zu schlagen
Und der Tod scheint nah zu sein

Plötzlich schwebt ein Engelskinde
Durch das offene Fenster her
Mit ihm kommen frische Winde
Draußen rauscht die alte Linde
Wo nur kam der Engel her?

Da, er singt ein leises Liedchen
Leicht wird's mir, verklärt mein Blick
Wie es singt, dies fremde Bübchen
Schwebt vor mir und singt ein Liedchen
Weinen möcht ich da vor Glück

Auch das Zittern geht behände
Gut und sanft schlägt mir mein Herz
Trocken werden Brust und Hände
Und die Nacht schleicht sich behände
Durch das Fenster, himmelwärts

Und der Engel ist verschwunden
Fühl mich plötzlich gut, so gut
Fort sind Ängste, alte Wunden
Mit dem Engel wohl verschwunden
Ruhig pulsieren Herz und Blut

All die Ängste und die Sorgen
Sind vorbei und nicht mehr hier
Es beginnt ein neuer Morgen
Was liegt da in mir verborgen?
Wo in mir nagt jenes Tier?

Werd die Antwort nicht erfahren
Denn es gibt die Antwort nicht
Schwierig wird's in manchen Jahren
Traumlos an so manchen Tagen
Tränen stehn mir im Gesicht

Starr zum Spiegel in der Diele
Lieber Gott, mach mich gesund!
Ja, ich hab noch große Ziele!
Und ich hab auch noch Gefühle!
Und so manche gute Stund!

Doch ich weiß, es wird sie geben
Manche Nacht, so gegen *Vier*
Weiß jedoch, ich bleib am Leben
Denn mein Engel wird mich sehen
Und dann stirbt die Angst in mir!

Nur ein Traum

Neulich in der schwarzen Nacht
hat mich *was* fast umgebracht
S´ war ein Traum von einer Welt,
die in sich zusammenfällt
Gottseidank, ganz im Vertraun,
blieb dies nur ein schlechter Traum

Ich sah Raub und Raffgier pur
Ämter, die blind, blöd und stur
Sah dies Land im Drogenkrampf
Schwarzmarkthandel, Straßenkampf
Doch es war, ganz im Vertraun,
nicht real und nur ein Traum

Sah manch Kriegstreiber sodann
Die zerstörten Maus und Mann
Rotlicht und Prostitution
Zuhälter mit Macht und Thron
Doch es war, ganz im Vertraun,
nicht real und nur ein Traum

Sah Betrüger, reich an Glück
Dummheit siegte Stück um Stück
Mob und Pöbel fühlten sich
wunderbar, voll Zuversicht
Doch es war, ganz im Vertraun,
nicht real und nur ein Traum

Wer hier ehrlich blieb und nett
Landet bald im Leichenbett
Wird verstoßen, krank und nackt
Weil er nichts zu sagen hat
Gottseidank und im Vertraun
war dies alles nur ein Traum

Sah dies Land, wie es zerfiel,
unterging im bösen Spiel
Angst und Korruption und Not
herrschten dort als Täglich-Brot
Doch welch Glück, ganz im Vertraun,
war dies alles nur ein Traum

In dem Land in meinem Traum
brachte um man Tier und Baum
Nichts blieb dort am Leben lang
Starb schon bald am Überschwang
Ja, es war, ganz im Vertraun,
nicht real und nur ein Traum

Umweltgifte, Seuchenpein
Hass und Neid und falscher Schein
Arbeitslose, Alkohol
Alles sah ich – sorgenvoll
Doch es blieb, ganz im Vertraun,
ganz weit weg, und nur im Traum

Wer zu arm war und auch krank,
wer kein Konto auf der Bank,
wer noch klug war und gescheit
siechte hin in Dunkelheit
Doch es war, ganz im Vertraun,
nicht real und nur ein Traum

Lügen, Trug und Schwindelei
Krieg und Tod und Einerlei
Alles ging dann sehr behänd
unter durch des Menschen End
Doch das blieb, ganz im Vertraun,
nicht real und nur ein Traum

All die kleinen Leut' sah ich
Ausgesaugt, ganz elendig
Warn gelyncht und kaltgemacht
Hier, wo Mord und Totschlag lacht
Doch all das war im Vertraun
nicht real und nur ein Traum

Ein Komet kam aus dem All
Brachte alles hier zu Fall
Nichts blieb mehr so wie es war
Und das Ende schien so klar
Doch es war, ganz im Vertraun,
nicht real und nur ein Traum

Irgendwann erwachte ich
Schweißgebadet im Gesicht
Ging zum Fenster, sah hinaus
Friedlich standen Baum und Haus
Und ich wusst, ganz im Vertraun,
was ich träumt', war nur ein Traum

Ohne Worte

Im Traumland scheint mir alles blöd
So viele Leut man nicht versteht
Die machen wirklich, was sie wolln
Ich wünscht, die sollt der Teufel holn

Sie schreien auf den Straßen rum
Und sind so primitiv und dumm
Gesetz und Anstand gibt's dort nicht
Es fehlt den Leuten das Gesicht

In einer *Apothek'*, oh Graus,
kennt sich der Chef noch nicht mal aus
Ein Durcheinander ohne End,
wo Ohrstöpsel man nicht mal kennt

Und Kunst, Kultur in jenem Land
hat wohl noch niemand je erkannt
Dort, wo das Wissen fehlt behänd,
ist alles Leben bald am End

Im Supermarkt herrscht Hektik pur
Manch Leute stelln sich starr und stur
Sie prügeln sich durchs Angebot
Und schlagen selbst die Kasse tot

Mord und Totschlag, Streit und Hass
Hier macht das Leben richtig *Spaß*
Pöbelst du rum, gibst keine Ruh,
ja, dann gehörst du hier dazu!

Und auf dem Markt, an manchem Stand,
tanzt Siff und Made unerkannt
Es gärt, es gammelt überall!
Nur fort von diesem Jammertal!

Sitzt man im Park auf einer Bank,
zieht plötzlich auf ein *Mordsgestank*
Es schleicht jemand an Dir vorbei
und glotzt dich an, recht vogelfrei

Fährst du mal fort von diesem Land,
auf Autobahnen dann und wann,
hängt bald ein Spinner hinter dir
Manch Leute sind wie Kletten hier

Die böse Ärztin, reich an Frust,
lutscht die Patienten aus voll Lust
Rafft schnell das Geld ins Futteral
Die Menschen sind ihr *piep-egal*

Der Zeitungs-Chef säuft Schnaps und Wein
Kann lesen nicht, steckt Schmiergeld ein
Er dielt und säuft und hurt wien Bock
Nur seine Zeitung bleibt ein Flop

Und jener flotte Radiomann
klaut Fördergelder, wo er kann
Er liebt *SM* mit *Peitschen-Drill*
Bei *Dominas*, da hält er still

Der schöne Typ vom Rathaus, der
war rot und schwarz
und kreuz und quer
Zweigt gern was für sein Konto ab,
damit für Stricher er was hat

Und an der trüben Straße schön
schlägt man sich um ein Bierdöschen
Die Stütze reichte wohl nicht aus,
drum klaute sich den Alk der Klaus

Hast du 'nen Extrawunsch ganz fein,
bist du ganz schnell ein *blödes Schwein*
Mit Kraftausdrücken hierzuland´
kennt man sich aus, welch eine Schand

Streit und Wut und Neid und Hass
Im Traumland macht so etwas Spaß
Der Pöbel fühlt sich *pudelwohl*
in jenem Land, wo alles toll

So mancher *Möchtegern* tönt dumm
in seiner Firma stark herum
Er tut´s dem Könner gerne gleich
Merkt nicht, dass es bei ihm nicht reicht

Und auf so manchem Amt, welch Pein,
schüchtert man gern die Leute ein
Mensch Leute, gebt mal was zurück!
Das macht auch selbstbewusst ein Stück!

Die Dummheit plagt so manches Haus
Dort sieht es ziemlich ärmlich aus
Am Feiertag manch einer putzt
die Fenster hier, was wenig nutzt

Den Mob sieht man fast überall
Und jeder Tag scheint eine Qual
Dann träumt man stets von schneller Flucht,
weil heimlich man was Bessres sucht

Das Geld ist knapp, die Wünsche groß
Manch einer fragt: *„Was mach ich bloß?"*
So stiehlt und klaut er wo er kann
Und wird geehrt wie Supermann

Dies Durcheinander in dem Land
ist grenzenlos, nimmt überhand
Man schimpft und flucht auf Mann und Maus
Kommt doch aus diesem Land nicht raus

Doch welch ein Glück, ich bin sehr froh
Dies ist ein Traum-Land, *nirgendwo*
Ich schalte ein das helle Licht
Und weiß, dies Traum-Land gibt es nicht!

Bedrohung

Es flog aus tiefstem All heran
ein Himmelskörper, riesengroß
Viel mehr als man sich's je ersann
So mächtig aus dem All sodann
So rast er auf die Erde los

Jedoch auf Erden war es Tag
Der schönste fast seit langer Zeit
Man lebte gut, ganz ohne Klag
Und stellte keine dumme Frag
Der Himmel war so blau, so weit

Doch plötzlich schob vors Sonnenlicht
Ein riesger Schatten sich behänd
Erstarrt so manches Angesicht
Kam nun das letzte Strafgericht?
Kam nun des Lebens böses End?

Die Sonne ging, die Nacht begann
Und Kälte stürmte in die Welt
Es flehte Maus, es weinte Mann
Und mancher fluchte dann und wann
So mancher bot sein ganzes Geld

Doch alle Tränen halfen nicht
Der Himmel wurde schwarz und tot
Denn vor das schöne Sonnenlicht,
da schob der Himmelskörper sich
Und brachte schlimmstes Leid und Not

Schon brach er in den Orbit ein
Und würd wohl stürzen bald herab
Und würde töten Stock und Stein
Nie wieder würd es Sommer sein
Und alle Welt wär wie ein Grab

Da trat aus einem Hinterhaus
ein Kind in Lumpen auf den Weg
Es sah wohl ziemlich ärmlich aus
Sein Blick war klar, sein Haar so kraus
Und leise sprach es ein Gebet

Da traten all die Menschen vor,
die eben noch vor Angst geweint
Und alle flüsterten im Chor
viele Gebete da empor
Und waren mit dem Kind vereint

Für drei Sekunden blieb es still
Und jeder hielt den Atem an
Hat man gehofft, vielleicht zu viel?
Ist gleich vorbei das Lebensspiel?
Ist gleich verloren Maus und Mann?

Doch da geschah das Wunder, ach
Der Himmelskörper barst entzwei!
Alsbald erschien am Himmelsdach
Die Sonne wieder – ohne Krach
Und alle Nacht ging schnell vorbei

Da wussten all die Menschen wohl,
dass ohne Hoffnung gar nichts geht
Die Kinder sind so hoffnungsvoll
Ihr Wort, ihr Lachen ist nicht hohl,
sind das, was jeder Mensch versteht

Oft fliegt von irgendwo heran
manch böser Zauber in den Tag
Dann fürchtet man sich
dann und wann
Will wieder Kind sein irgendwann
Und betet leis und ohne Klag

Die Abhängige

Ich treff sie dort, wo alles leer
In jener Bronx, am Rand der Zeit
Das Lachen fällt ihr schwer, so schwer
Und machen Traum, den gibt´s nicht mehr
So manche Hoffnung scheint so weit

Die Spritze in der rechten Hand,
den Stoff fest in der linken Faust
Ansonsten total abgebrannt
So lehnt sie weinend an der Wand
Ein Dealer um die Ecke saust

Ich frage sie, wie´s sonst noch steht
Ist sie alleine oder nicht?
Sie sagt, ihr Leben sei verdreht
Für Kind und Mann sei´s längst zu spät
Nur manchmal Sex – *jenseits vom Licht*

Für zwanzig Dollar, irgendwo
Dann reicht´s auch für den nächsten Schuss
Sie meint, ihr Leben sei halt so!
Für wenig Geld ins Nirgendwo!
So sollt es sein wohl bis zum Schluss

Der Regen wäscht die Stufen ab,
auf welche sie ganz plötzlich sinkt
Ich will ihr helfen – *sie winkt ab!*
Am End nur ein Ruinengrab!
Hier, wo es nur nach Abfall stinkt!

Sie schließt die Augen sanft und lieb,
wie manches Kind, das schlafen will
Was für ein Schicksal sie wohl trieb
an jenen Ort, wo's ewig trüb
Sie liegt nur da und schläft ganz still

Wohl kann ich nichts mehr für sie tun
Längst ist sie fort – *in ihrem Traum*
So barfuß in zu engen Schuhn
sollt auf manch Stufen man nicht ruhn
Den reichen Segen gibt's hier kaum

Es ist schon Nacht, so gegen *Drei*,
da fahr ich ins Hotel zurück
In jener Welt, wo alles frei,
hört niemand mehr den stummen Schrei,
den Drogentod, fernab vom Glück

Da spricht ein Pfarrer im TV
Und viele andre nicken brav
Man stellt die Armen dann zur Schau
Und spricht ansonsten klug und schlau
Und legt sich dann zum süßen Schlaf

Ich sah sie dort, wo alles schwer
In jener Bronx, am Rand der Zeit
Die junge Frau gibt es nicht mehr
Sie starb ganz einsam, wortlos, leer
Und meine Hoffnung ist so weit

Letzte Reise

Seniorenheim am Rand der Stadt!
Dort lebte er allein mit sich!
Wo jeder alt ist, wenig hat,
wuchs Einsamkeit gar fürchterlich!

Besuche gab´s schon lang nicht mehr
Der Sohn kassierte nur das Geld
Sein Blick, die Tage – *öd und leer!*
Nichts kostet mehr die Welt!

Die Eiche hinterm Heim war alt,
gab Schatten einer kleinen Bank
Selbst, wenn´s im Winter rau und kalt,
saß er dort jeden Abend lang

Und träumte von so manchem Stern,
vom Nordpol und vom Bär im Eis
Er wusste, all das lag so fern
im Nebel, der da zog ganz leis

S´ war jeden Tag der gleiche Trott
Der Morgen glich dem Abend schon
Zum Mittessen lief er flott
Vielleicht kam später doch der Sohn?

Doch als es nachmittags um *Vier*
bliebs einsam wieder, keiner kam!
Das Telefon nur schellte hier
Sein Sohn entschuldigte die Scham

Am Abend ein zwei Schnitten wohl
Die würgten trocken ihm im Hals
Der Tag verschwamm so müd und hohl
Noch lange fernsehn, besser als ...

... die Angst vorm Schlafen, vor dem Tod!
Die kroch fast jede Nacht durch ihn!
Sehr oft war irgendwer in Not!
Und mancher starb dort so dahin!

Doch eines nachts, da spürte er
so ein Gefühl, unglaublich stark!
Sein Herz, die Knochen, nichts schien schwer!
Kein Schleier auf der Seele lag!

Er fühlte sich so frei und gut
und packte ein paar Sachen ein
Da war nicht Trauer oder Wut
Er wollte nur woanders sein

Ganz heimlich schlich er sich davon,
aus jenem Heim am Rand der Stadt
Er pfiff auf Einsamkeit und Sohn!
Nahm das, was er sich einst erspart!

Mit Bus und Bahn und Boot sodann
ging´s in die Ferne, nordwärts nur
Er war zwar alt, doch auch ein Mann,
und manchmal wohl auch ziemlich stur

Im Heim zu sterben, fern vom Glück,
so wie die andern, wollt er nie!
Noch was vom Leben, nur ein Stück!
Ob ihm der liebe Gott verzieh?

Ihm war's egal, er wollt nur weg!
Zum Nordpol hin, zu seinem Traum!
Er wollt zu diesem Eisesfleck,
wie er geträumt am Eichenbaum!

Und irgendwann, am zehnten Tag,
kam er dort an, im weiten Eis
Nein, niemand stellte mehr die Frag:
Ob er noch wüsste, was er weiß?

Tief atmete er ein!
So lieblich schmeckte all die Luft!
Fast wie ein leichter Sommerwein
Fast wie ein Engelchen, das ruft

Und er lief weiter geradeaus
Und Eisbären, die sah er auch
Hier gab es weder Mann noch Haus
Nur seinen hungrig satten Bauch

Auf einmal blieb er einfach stehn!
Weit vor ihm winkte eine Frau!
Wer sollte wohl dies Bild verstehn?
Sogar der Nordwind wehte lau!

Da rannen Tränen ihm herab,
als er die Frau vor sich erkannt
S´ war seine Liebste aus dem Grab
Sie war in seinem Zauberland

So glücklich diese beiden, ach
Sie küssten sich – ein Tanz im Schnee
Und unterm bunten Nordlichtdach
tat nicht einmal die Kälte weh

Alsbald nahm sie ihn an die Hand
und schwebte mit ihm fort, weit fort
Und seine Spur
schon bald verschwand,
verweht im Schnee, am Nordpol dort

Ganz fern im Heim bliebs weiter trist
Ob jemand fragte da nach ihm?
Dort gab´s wohl nur die Galgenfrist!
Und eine Zeit ganz ohne Sinn!

So manches Heim steht irgendwo
Und manche Alten sind dort alt
Sie werden wohl nur selten froh
auf einer Bank, ganz nah beim Wald

Vielleicht jedoch träumt einer dann
vom Nordpol oder Wüstensand?
Macht auf den Weg sich irgendwann
zu seinem Traum ins Zauberland

Kein Gott?

Manche Nacht könnt' ich erzürnen
Gibt es Gott?
Den großen Mann?
Ja, ich wollt den Himmel stürmen
Ganz weit oben auf manch Türmen
Sag, wo lebt der Supermann?

Doch bleibt stumm die Stimme Gottes
Nichts geschieht
Der Himmel schweigt
Nicht die Spur des großen Wortes
Nur die Nacht gähnt allen Ortes
Und mein Glaube ist sehr weit

In der letzten Fernsehsendung
Wieder Krieg
Und Tod und Hass
Wieder nur manch Geldverschwendung
Teufel, Rotlicht und Verblendung
Bist du reich, dann hast du Spaß

Ist all das des Gottes Wille?
Will all das der große Herr?
Mir bleibt nur die schwarze Stille
Keine Antwort, keine Fülle
Und mir ist's ums Herze schwer

Hass und Krankheit, auch *Apartheit*
Slums und Armut
Alles bleibt
Wo ist Gott?
Wo seine Klarheit?
Wo bleibt Gott mit seiner Wahrheit?
Passt ein Gott in diese Zeit?

Besuch in Auschwitz

Man spricht so viel
Man redet gern
Man findet Vieles schlimm und gut
Doch manchmal sind die Worte fern
Dann spricht man nicht mehr viel und gern
Dann steht man da – dann stockt das Blut

In Auschwitz war's
Am düstern Ort
Ich schau mich um und schweig und schweig
Da fehlt mir Freude, jedes Wort
Ein Wind weht alte Ängste fort
Kalt fühlt sich an mein menschlich' Leib

Mein Schritt fällt schwer
Ich weine nicht
Hier, wo man nicht mehr weinen kann
Zu sehr erstarrt mein Angesicht
Hier ist's so trüb – es fehlt an Licht
Zu viel ist damals hier verbrannt

Ich seh ein Kind
Es winkt mir still
An diesem Ort, der mir so fremd
Dann ist es fort mit anderm Ziel
In Auschwitz war's ein böses Spiel
Hier, wo die Zeit die Toten kennt

Der Drahtzaun jetzt
Ist ohne Strom
Kein Mensch, der tot an ihm verlischt
Ein Drahtzaun mahnt als letzter Hohn
Kein Hass, kein Mord, kein toter Sohn
Und keine Mutter, die zerbricht

Als ich dann geh
Bin ich nicht stumm
Courage braucht es, Mut zum Wort
In Auschwitz war's – ich dreh mich um
In unsrer Zeit braucht's Kraft und Mumm
Gedenken, Trauer, diesen Ort

Kinder des Krieges

Sie suchen noch das Morgenrot
Die Kinder aus dem fernen Land
Und abends gibt's hier Abendbrot
Die ferne Heimat ist schon tot
Im Krieg ist alles abgebrannt

Sie kamen her ins deutsche Land
Die Kinder aus der *andern* Welt
Sie fanden manche helfend´ Hand
Und stießen auch auf manche Wand
Sie hatten Hunger, wenig Geld

Man schimpfte laut und leise hier
Warum nur gehen sie nicht weg?
Es gibt nicht Krieg
Nicht Bomben hier
Und ruhig ist's des nachts um *Vier*
Und volle Läden sind ums Eck

Das alles gab's im Kriegsland nicht
Es ist zerstört
Das ist nicht mehr
Die Nacht erhellte Bombenlicht
Und manchen Toten fand man nicht
Und Kinderaugen – *endlos leer*

Wohin geht´s nur – *wohin, wohin?*
Warum der Krieg – *warum, warum?*
Die Kinder wollen wieder hin
Doch aller Traum bleibt ohne Sinn
Und alle Worte bleiben stumm

So anders wird man mit der Zeit
Im fremden Land scheint alles *fremd*
Man fühlt sich frei
Doch nie befreit
Familie, Heimat ist so weit
Und auf der Haut das *letzte Hemd*

Die Heimat ist, wo´s Herze schlägt
Auch Bomben löschen das nicht aus
Die Kinder wollten niemals weg
Und hier ist Frieden
Rund ums Eck
Wo steht das gute Heimat – Haus?

Der Trinker

Irgendwo in jener Stadt
Dort, wo keiner Namen hat
Lebte er wohl irgendwie
Reichtum hatte er noch nie
Lebte er so in den Tag

Eines Tages gegen 10
Blieben alle Uhren stehn
Ja, man warf ihn einfach raus
Job und Arbeit – alles aus
Plötzlich ward die Welt nicht schön

Einsam saß er nun im Dreck
Irgendwo im Straßeneck
Nur der Alkohol war da
In der kleinen Hafenbar
Soff er sich die Sorgen weg

Trank ab jetzt tagein tagaus
So sah jetzt sein Leben aus
Alles sollt im Kreis sich drehn
Er konnt selbst sich nicht verstehn
Alkohol – sein bester Schmaus

Und die Sucht hielt ihn ganz fest
Er versoff den letzten Rest
Immer öfter fiel er um
Aller Traum blieb tot und stumm
Weil die Sucht nichts leben lässt

Irgendwann im Krankenhaus
Kam er aus dem Suff mal raus
Für sechs Wochen trocken, clean
Für sechs Wochen wieder Sinn
Wieder Mensch und keine Maus

Ja, er schwor sich klipp und klar:
Nie mehr saufen, wie's mal war!
Wieder Arbeit, Lebenssinn!
Doch der Wunsch schien schnell dahin
Und es nahte die Gefahr

Ach, er trank so viel, so viel
Ohne Halt und ohne Ziel
Bis sein Traum total zerbrach
Aus die Heimat, Haus und Dach
Und der Regen fiel und fiel

Irgendwann sah er ein Licht
Hörte, wie man zu ihm spricht:
Fürchte dich nicht, komm nur, komm
Ich bin hier und warte schon
Und er fürchtete sich nicht

Warf die Flasche weit von sich
Spürte Kraft im Angesicht
Lief und lief und war schon fort
Einsam blieb sein Heimatort
Nein, die Sucht vergab ihm nicht

Irgendwo in jener Stadt
Dort, wo niemand Namen hat
Hat gelebt er irgendwann
Nein, er war kein reicher Mann
Und vom Baum fällt leis ein Blatt

Frau Holle

Ziemlich hoch im Wolkenzelte
Lebte sie für sich allein
Schaute traurig auf die Welte
Von dort oben, ihrem Zelte
Wollt so gern mal Mutter sein

Doch zu ihr, welch schlimmes Leben
Kam niemals ein netter Mann
Ach, sie wollt doch Liebe geben
Und ein Kind, ein schönes Leben
Ein Familienglück sodann

Aller Traum jedoch blieb ferne
Mann und Kind – nie kam´s zu ihr
Lang schaut sie zu *manchem Sterne*
Alles Glück schien viel zu ferne
Keine Freude, keine Zier

Da begann sie sich zu rächen!
Holte sich, was sie gewollt!
Nutzte aller Menschen Schwächen:
Mit der Gier wollt sie sich rächen
Zauberte ein Tor aus Gold

Damit lockte sie manch Mädchen
Und versprach das große Geld
Ach, es kamen aus dem Städtchen
Viele junge, hübsche Mädchen
Durch das Tor zur Wolken-Welt

Zur Begrüßung gab es Kuchen
Daunenbettchen wunderschön
Niemals gab es Grund zum Fluchen
Herrlich schmeckten Torten, Kuchen
Nein, kein Mädel wollte gehn

Doch wenn aller Tag vergangen
Kroch empor die schwarze Nacht
Plötzlich zischten tausend Schlangen
Dort, wo längst der Tag vergangen
Hat sich Unglück breitgemacht

Da, zur Hex ward die Frau Holle!
Und ihr Wolkenhaus zerfiel!
Formte sich zur schwarzen Scholle!
Blitze zuckten um Frau Holle!
Ach, es war ein böses Spiel

Alle Mädchen, die dort oben
Längst gefangen in der Scholl
Als die Wolken fortgezogen
Warn die Mädchen nicht mehr oben
Brach entzwei dies Tor aus Gold

So verschwanden hundert Mädchen
Keiner ahnte je wohin
Traurig lag nun Welt und Städtchen
Denn es fehlten junge Mädchen
Und es fehlte Glück und Sinn

Doch ein junger Prinz vom Meere
Hörte von dem Trauersang
Und er kam ganz ohne Heere
Mit dem Boot weit übers Meere
Und er suchte tagelang

Bis er sah die dunklen Wolken
Wo Frau Holle arglos war
Mit 'nem Luftschiff unbescholten
Flog er hoch bis zu den Wolken
Und sein Sieg schien sonnenklar

Er entdeckte jene Scholle
Wo die Mädchen eingesperrt
Doch da war auch noch Frau Holle
Die verteidigte die Scholle
Ihr Gesicht von Wut verzerrt

Kraftvoll hob der Prinz den Degen
Stach in jene Wolkenpracht
Dort heraus stob wilder Regen
Alle Mädchen warn am Leben
Als die Scholle laut zerkracht

Und im Luftschiff fröhlich singend
Flog der Prinz die Mädchen heim
Ach sie tanzten lustig springend
Durch das Städtchen rufend, singend
Alle konnten glücklich sein

Und Frau Holle in der Wolke?
Die kam niemals wieder her!
Denn das Tore aus purem Golde
War nur Lüge, wie die Wolke
Die Frau Holle gibt's nicht mehr!

Die Show

Er ist noch einmal dageblieben
Der Herr Minister schaut sich um
Er hat sich etwas aufgeschrieben
Wirkt überlegt, nicht aufgerieben
Er hört gut zu und ist noch stumm

Da ist die Frau aus fernen Landen
Die ist sehr eitel, will ihr Recht
Sie fühlt sich ziemlich unverstanden
Es geht heiß her in ihren Landen
Und wer dagegen ist, ist schlecht

Da geht's um Krieg und auch um Frieden
Um Ungerechtigkeit und Krieg
Soll man den Flüchtling hassen, lieben?
Die kamen her und sind geblieben!
Wohl ist's auch Angst, die übrigblieb!

Da ist der Arme, ohne Arbeit
Die junge Mutter, die kein Geld
Der Staat vergaß wohl jene Klarheit
Und drückt sich lieber um manch Wahrheit
Will nur, dass man den Richtigen wählt

Da geht's auch um des Lebens Ende
Die Alten, die man nicht mehr sieht
Zur Seelen-Ruh gibt's eine Spende
Doch wer *fühlt* all die alten Hände
Das, was noch bleibt, wenn man verblüht

So sitzen sie nun hier zusammen
Mit großem Wort – *in jener Show*
All diese Menschen, die da kamen
All diese Leute, all die Namen
All diese Leben – schwer und froh

Der Streit geht auch um Mindestlöhne
Um manch Partei und ihr Programm
Da geht's um Töchter und um Söhne
Um späte Renten, die nicht schöne
Um gleiches Geld für Frau und Mann

Das Publikum in der Arena
Hört – sieht sich alles staunend an
So mancher glaubt schon an ein Schema
Und einer fragt in die Arena
Obs der Minister besser kann?

So geht die Zeit und auch die Sendung
Die Show ist aus, die Leute gehn!
War dieser Abend nur Verschwendung?
Hat man dafür vielleicht Verwendung?
Wird das Gezeigte bald verwehn?

Er ist noch immer dageblieben
Der Herr Minister, *er versteht*
Er hat sich sehr viel aufgeschrieben
Er sprach auch mal
Was ist geblieben?
Ein lauer Wind durchs Studio fegt

Weit entferntes Land

Ein ziemlich weit entferntes Land
hat heute gar nichts mehr im Griff
„Wir schaffen das"
jubeln nur noch Hetzer auf einer anderen Seite
Falsche Infos warten
auf den allerletzten *Smartphone-Pfiff*
Todesengel geben ihrem Handeln
einen letzten Waffen-Schliff
Und der brave Bürger sucht ganz schnell
das unerreichbar Weite

Die Arbeitslosenzahlen steigen
in den garstig dunklen Himmel
Jeder rettet nur noch seine eigene Haut,
bevor er flieht
Neue Bauvorhaben bringen Geld,
doch nur für irgendeinen Klüngel
Alles Sagen haben nur noch Rotlichtbosse
aus dem wilden *Tangel-Tingel*
Ängste wabern durch die Lande,
weil gar nichts Rettendes geschieht

Jenes Land bringt nur noch Böses
und ein riesiges Verderben
Glaube hilft nicht mehr –
es wartet nur noch das Schafott
Künste und auch Wissen –
all das liegt schon lange da in Scherben
Hier will keiner mehr lang sein
oder noch viel älter werden
Hier zählt nur noch Geld und Hass
Und nirgends ist ein lieber Gott

Der Obdachlose

Die Sonne strahlt und wärmt die Stadt
Dort ist es, wo man alles hat
Doch hinterm Park, im Brückenschacht
Ist meistens Armut
Meistens Nacht

Er zieht seit vielen Jahren um
Er war mal was
Er ist nicht dumm
Der Alkohol wärmt Sorgen fort
Und Ängste auch
Und manches Wort

Im Wohnungsamt lehnt man ihn ab
Ein Säufer, der so gar nichts hat
Man will ihn nicht
Man schickt ihn fort
Und wieder zieht er durch den Ort

Die Straße ward zur Heimat ihm
Sein Leben aber: *ohne Sinn*
Einst wollt' er mal so hoch hinaus
Am Ende blieb das Hinterhaus

Seit Tagen streikt die Leber sehr
Die Freundin weint
Es ist so schwer
Er bricht zusammen irgendwo
Er kann nicht mehr
Das ist wohl so

Von seinen Träumen blieb nicht viel
Kein Platz zum Leben
Und kein Ziel
Im Winter fror er sich bald tot
Es wärmte ihn nur Schnaps
Sein Brot

Gestorben ist er irgendwann
Im Krankenhaus
Als armer Mann
Er hat gehofft, geweint, gelacht
In seinem Heim
Im Brückenschacht

Die Sonne scheint auf diese Stadt
Scheint warm und ruhig auf sein Grab
So einsam ist's am Brückenschacht
Der Wind ist kalt
In jeder Nacht

Ein bisschen Leben

„*Was ist geschehen*", fragte sie
Man wusste nicht mal *wann und wie*
Das Kind lag tot im Garten dort
Der Tag war trüb
Ein schlimmer Ort

Die Mutter schwieg
Sie sagte nichts
Ein bisschen Leben – *fern des Lichts*
Es war doch eine schöne Zeit
Ihr Kind und sie
Ein Glück zu zweit

So viel erlebten sie, *so viel*
Ihr Kind Zuhause und beim Spiel
Sie schaut' die Fotos lange an
Und weinte auch – so dann und wann

Erinnerungen sind so tief
Das bisschen Leben
Nichts ging schief
Doch traf ihr Kind des Teufels Sohn
Und alle Hoffnung ward zum Hohn

Was ist das Leben?
Was der Sinn?
Warum das Leben?
Wo geht's hin?
Hat Leben irgendeinen Zweck?
Ist es am Ende doch nur Dreck?

Sie schwieg!
Sie kennt die Antwort nicht!
Wohin sie ging?
Man weiß es nicht!
Ihr Kind, die Urne nahm sie mit
Vom Leben blieb ihr nicht ein Stück

So oft sucht man nach einem Ziel
Ist Leben ernst?
Ist's doch nur Spiel?
Das bisschen Leben scheint nicht lang
Wohl weint man oft
So dann
Und wann

Abgesang

Die Rente reicht fürs Alter nicht
Sie ist zu klein - man wird nicht satt
Ein Rentner sitzt im Schatten-Licht
Die Rente reicht fürs Alter nicht
Da ist so viel, was man nicht hat

Er hat geschuftet Jahr für Jahr
Doch Dank und Hilfe? *Keine Spur!*
Nichts ist mehr so, wie es mal war
Er hat geschuftet Jahr für Jahr
Die Rente scheint ein Lacher nur

Manch Bonzen stecken zu viel ein
Millionen fürs *„Fast-Gar-Nichts-Tun"*
Der Rentner schweigt – *muss das so sein?*
Manch Bonzen stecken zu viel ein
Und prassen in zu großen Schuhn

Ein kleines Häuschen blieb ihm nur
Das steht verlassen vor dem Wald
Von Dank und Hilfe keine Spur
Ein kleines Häuschen blieb ihm nur
Mit wenig Geld wird man nicht alt

Der Rentner schläft am Fenster ein
Und kühler Wind verweht sich leis
Im Alter wird gar Vieles klein
Wohl auch die Rente – *muss das sein?*
Und auf dem Dreck friert dickes Eis!

MIX
Papier aus verantwortungsvollen Quellen
Paper from responsible sources
FSC® C105338